职业教育改革探索教材
校企“双元”合作教材
高速铁路类专业系列教材

高速铁路行车技术管理

主　编　隋东旭
副主编　陈启杰

北京交通大学出版社
·北京·

内容简介

本书根据教育部颁布的《高等职业学校专业教学标准》，由学校教师和企业专家联合编写，是一本职业教育教学改革探索教材。本书分6个项目，分别为高速铁路行车设备、高速铁路列车运行控制系统、高速铁路列车开行方案与列车运行图、高速铁路车站作业组织、高速铁路调度指挥、高速铁路非正常情况行车与事故救援。本书图文并茂、精练实用，适合作为职业教育铁道类专业教材，也可作为铁路职工培训用书。

图书在版编目（CIP）数据

高速铁路行车技术管理／隋东旭主编. —北京：北京交通大学出版社，2020. 10
ISBN 978-7-5121-4331-9

Ⅰ. ①高… Ⅱ. ①隋… Ⅲ. ①高速铁路-铁路行车-技术管理-高等职业教育-教材 Ⅳ. ①U238

中国版本图书馆CIP数据核字（2020）第179228号

高速铁路行车技术管理
GAOSU TIELU XINGCHE JISHU GUANLI

策划编辑：刘 辉　　责任编辑：刘 辉
出版发行：北京交通大学出版社　　电话：010-51686414　　http：//www. bjtup. com. cn
地　　址：北京市海淀区高梁桥斜街44号　　邮编：100044
印 刷 者：北京时代华都印刷有限公司
经　　销：全国新华书店
开　　本：185 mm×260 mm　　印张：10　　字数：248千字
版 印 次：2020年10月第1版　　2020年10月第1次印刷
定　　价：39. 00元

本书如有质量问题，请向北京交通大学出版社质监组反映。对您的意见和批评，我们表示欢迎和感谢。
投诉电话：010-51686043，51686008；传真：010-62225406；E-mail：press@ bjtu. edu. cn。

前　言

高速铁路行车技术管理是职业教育铁道类专业的一门重要课程，其涉及面广，有一定的学习难度，因而要求对应的教材体系全面、难度适中、深入浅出、易于理解。

本书根据教育部颁布的《高等职业学校专业教学标准》，由学校教师和企业专家联合编写，是一本职业教育教学改革探索教材。本书分6个项目，分别为高速铁路行车设备、高速铁路列车运行控制系统、高速铁路列车开行方案与列车运行图、高速铁路车站作业组织、高速铁路调度指挥、高速铁路非正常情况行车与事故救援。本书图文并茂，精练实用。

本书由隋东旭担任主编，陈启杰担任副主编。由于作者水平有限，本书不足之处在所难免，恳请广大读者批评指正。索取本书教学资源，请与编辑刘辉联系（QQ39116920，cbslh@jg. bjtu. edu. cn）。

编　者

2020. 10

目　录

项目 1

高速铁路行车设备

【知识目标】

- 掌握动车组的定义与分类。
- 了解高速铁路牵引供电设备、线路、信号与控制系统、防灾安全监控系统。

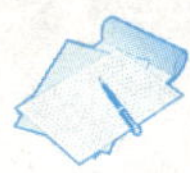

【技能目标】

- 能够辨别动车组与非动车组。
- 了解高速铁路牵引供电设备、线路、信号与控制系统、防灾安全监控系统在高速铁路行车中的作用。

【学习重点及难点】

- 学习重点：动车组的定义与分类。
- 学习难点：高速铁路牵引供电设备、线路、信号与控制系统、防灾安全监控系统。

【本章知识结构图】

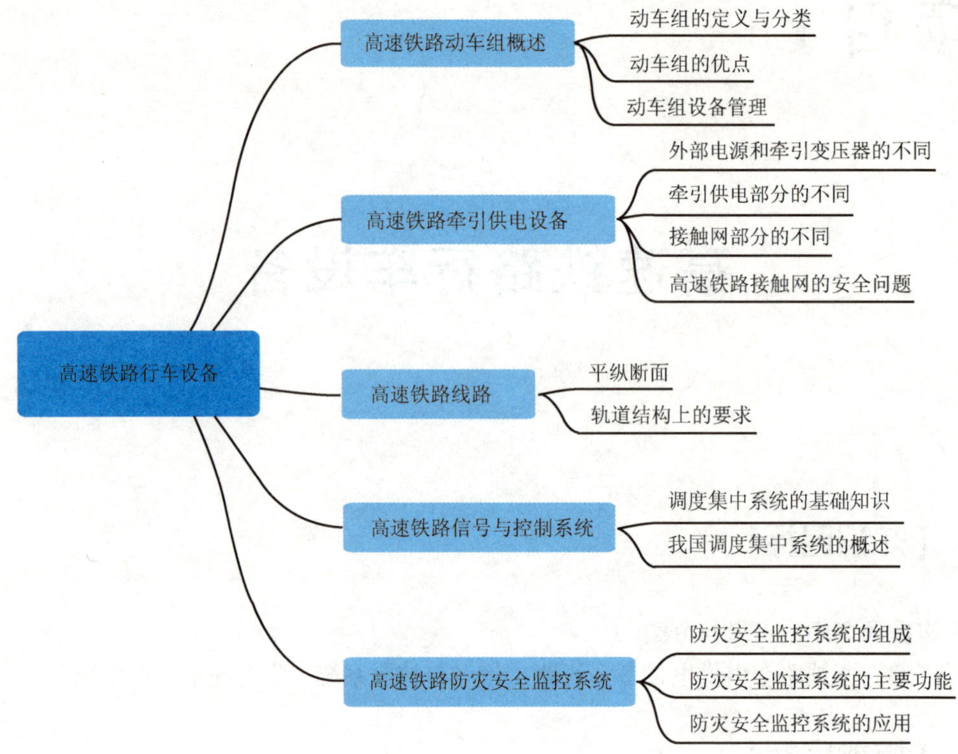

1.1 高速铁路动车组概述

在普速铁路线路上，机车带有动力，牵引车辆，其编挂不带动力的车辆后，整列车在轨道上运行。在高速铁路线路上，运用最多的是动车组。动车组称得上是高速铁路旅客运输的生力军。高速铁路线路上的动车组与普速铁路线路上的机车牵引车辆的工作机制是不同的。

1.1.1 动车组的定义与分类

1. 定义

动车组是指由若干带动力的动力车与不带动力的非动力车，按照预定的参数组合在一起，在正常使用寿命周期内，始终以固定编组运行、不能随意更改编组的一组列车，列车两端分别设有司机室进行驾驶操作，配备现代化服务设施的旅客列车单元。带动力的车辆叫动（力）车，不带动力的车辆叫拖车，也就是说，动车组是列车的牵引力装置和载客装置固定为一体的特殊车底，其具有机车和客车车底的双重功能。

2. 动车组分类

1）按照动力类别分类

按照动力类别，动车组可以分为电力动车组和内燃动车组。电力动车组又分为直流电力动车组和交流电力动车组两种。

2）按照动力的分布方式分类

动车组有两种牵引动力的分布方式，一种是动力集中式，另一种是动力分散式。

（1）动力集中式动车组。

动力集中式动车组，严格来说只能算是普通的机车加车辆模式的翻版再升级。其优点是动力装置集中安装在2~3节车上，检查维修比较方便，电气设备的总重量小于动力分散式的电动车组。其缺点是动力车的轴重较大，对线路不利；动力车不载客，减少了列车载客量。

（2）动力分散式动车组。

目前，在高速铁路线路上，普遍运用的是动力分散式动车组。其优点是动力装置分布在列车不同的位置上，全部车辆都能载客；动力制动的轮对多，制动效率高，且调速性能好；轴重轻，牵引力分散，有利于解决大牵引力与轴重限制的矛盾。其缺点是吊装在车辆下部的动力设备产生的振动和噪声影响乘客乘坐的舒适度，维修保养难度更大。

动力分散式动车组的动力配置有两种模式：一种是完全分散模式，即动车组中的车辆全部为动力车；另一种是相对分散模式，即动车组中的部分车辆为动力车，部分车辆为无动力车。

3）按照用途分类

目前，绝大多数型号和数量的动车组都被用于客运领域，极少一部分用于轨道检测等特殊领域。

我国高速铁路线路上目前运行的是动力分散式电力动车组CRH系列和CR系列，具体型号有CRH1、CRH2、CRH3、CRH5、CRH380A、CRH380B、CRH380C、CRH380D、CR400等。部分型号从日本、德国、法国引进先进技术，经过消化吸收及国产化创新，成为中国制造的“具有自主知识产权”的动车组系列产品，其中CR400系列动车组为我国自主设计的标准动车组。我国高速铁路动车组如图1-1所示。

(a) CHR系列动车组

(b) CR系列动车组

图1-1 我国高速铁路动车组

1.1.2 动车组的优点

（1）动车组在两端都设有驾驶室，列车改变方向时，无须掉头，可以节约折返停站时间，提高列车使用效率，减少车站咽喉作业的负担。

（2）动车组容易组合成长短不同的列车，既可单独也可重联开行。

（3）动车组加速、爬坡能力强，在功率充足和功率输出控制合理的情况下，列车可发挥的牵引力较大。

（4）动力分散式动车组上的动力轴对路轨黏着力的要求较低，轴重较轻，对高速铁路线路损伤较小。

（5）电力动车组多采用电空联合制动，制动减速快、制动距离短、制动方式灵活，可以在短时间内反复缓解制动，也可以阶段制动、阶段缓解。

1.1.3 动车组设备管理

《铁路技术管理规程（高速铁路部分）》对动车组设备与管理做了以下规定。

（1）动车组应有识别的标记：路徽、配属局段简称、车型、车号、定员、自重、载重、全长、最高运行速度、制造厂名和日期、定期修理日期、修程和处所。动车组应有“电化区段严禁攀登”的标识。

动车组应具有列车运行安全监控功能，对重要的运行部件和功能系统进行实时检测、报警和记录，并能及时向动车段、动车所传输。

动车组须配备机车综合无线通信设备（CIR）、列控车载设备、车载自动过分相装置等，满足相应速度等级运行需要。

（2）动车组列车制动初速度为200 km/h时，紧急制动距离限值为2 000 m；制动初速度为250 km/h时，紧急制动距离限值为3 200 m；制动初速度为300km/h时，紧急制动距离限值为3 800 m；制动初速度为350 km/h时，紧急制动距离限值为6 500 m。

（3）动车组重联或长编组时，工作受电弓间距为200 ~ 215 m。在特殊情况下，工作受电弓间距不满足200 ~ 215 m时，须校核分相布置与工作受电弓间距匹配情况，并通过上线运行试验确认。

（4）动车组实行以走行公里周期为主、时间周期为辅的计划预防修，检修方式以换件修为主，主要零部件采用专业化集中修。动车组修程分为一、二、三、四、五级，检修周期及技术标准按中国铁路总公司（已更名为中国国家铁路集团有限公司，简称国铁集团）动车组检修规程执行。

（5）动车组日常运用的上水、保洁、排污等整备作业一般应在动车所完成。不在动车所停留的动车组，需进行上水、保洁、排污等整备作业时，其停留地点根据需要应具备相应的条件。

1.2 高速铁路牵引供电设备

电气化铁路的牵引供电设备主要包括变电设备（变电站、开闭所、分区亭、自耦变压器所）、接触网和远动系统三部分。

由于高速铁路的供电能力和供电可靠性必须满足高速度、高密度运行的要求，满足自然环境侵害、自动过分相、弓网关系的要求，并具有综合一体化远程监控能力，因此，高速铁路的牵引供电系统，与普速铁路的牵引供电系统有以下不同。

1.2.1 外部电源和牵引变压器的不同

1. 外部电源电压不低于 220 kV

高速铁路是繁忙干线和重负荷铁路线路，其牵引变电站的外部电源电压等级应不低于 220 kV。我国高速铁路外部电源来自国家电网，电压等级都高于 220 kV。

牵引变电站的外部电源是线路的基础设施之一，只有采用 220 kV 以上电源电压供电，才能满足时速 250 km 以上的高速列车稳定运行的需要。

2. 采用单相牵引变压器

牵引变压器是牵引供电系统中最重要的设备。它对牵引供电质量和工程投资起决定性的影响，不同类型的牵引变压器，对电力系统产生不同的影响。单相变压器的优点是变压器容量大、利用率高、经济效益好，非常适合在高速铁路上应用。我国高速铁路变电所普遍采用单相变压器，可直接向接触网提供单相电流，减少变压器功率损失。

1.2.2 牵引供电部分的不同

1. 供电方式的不同

高速铁路每隔 10 km 在接触网与正馈线之间并联接入自耦变压器，采取自耦变压器供电方式，这种供电方式简称 AT 供电。高速铁路牵引变电所主接线为线路变压器组接线，接有互为备用的两路 220 kV 电源线路；主变压器采用单相 V/V 接线，设置四台单相牵引变压器，为固定备用方式，两台运行，两台固定备用，设有备用自动投入装置。正常时由一路电源通过任一 V/V 接线的两台主变压器向牵引供电系统供电，当该电源线路失压或其中一台主变压器故障时，另一路电源或两台主变压器自动投入使用，使牵引供电系统迅速恢复供电。

普速铁路每隔 2 ~ 4 km 在接触网与回流线上串接一台吸流引流器，采取吸流变压器回流线供电方式，简称 BT 供电。串联接入吸流变压器加大了牵引网的单位阻抗，产生了许多分断点，高速度、高密度运行的动车组受电弓通过断点时，产生的电弧可能烧坏接触线和受电弓。普速铁路牵引变电所的主接线为双 T 接线，接有互为备用的两路 110 kV 电源线路，牵引变压器采用两台三相 V 接线变压器，为固定备用方式，设有自动投入装置，正常时由任一路电源通过任一台主变压器向牵引供电系统供电，当该电源失压或该主变压器故障时，另一路电源或另一台主变压器自动投入使用，使牵引供电系统迅速恢复供电。

高速铁路采用 AT 供电方式，供电电压为 2 × 27.5 kV。普速铁路采用 BT 供电方式，供电电压为 1 × 27.5 kV。高速铁路供电电压为普速铁路的 2 倍，供电臂电压是普速铁路供电臂的 2 倍。

需要说明的是，在枢纽地区高中速联络线、动车组走行线和动车段（所）内，高速铁路采用带回流线的直接供电方式。

2. 总平面及生产房屋布置的不同

（1）高速铁路牵引变电系统220 kV配电装置、主变压器为户外布置方式。2×27.5 kV及1×27.5 kV配电装置，为户内GIS开关柜布置方式，预留滤波装置的场地。

（2）220 kV进线采用架空方式，27.5 kV进线、馈线均采用电缆引入、引出，馈线电缆按50%备用设计。

（3）10 kV自用变压器采用户内布置，高、低压侧均采用电缆引入。

（4）房屋和辅助房屋合建，按一层房屋设计，配有45 kV高压室、二次设备室、10 kV变压器室、27.5 kV变压器室。

普速铁路110 kV配电装置采用户外布置，27.5 kV配电装置大部分采用户内布置，且户内27.5 kV配电装置采用网栅间隔式，并联电容补偿装置采用户内布置，户外配电装置除主变、端子箱采用低式布置外，其余采用中式布置；27.5 kV高压室进出线采用架空引入引出，10 kV自用变压器高低压侧采用电缆引入引出；变电站的一层设有高压室、控制室、检修室、卫生间等，二层设有电容器室、工具室、值守室等。

3. 功率因数补偿的不同

高速铁路牵引供电系统的功率因数是100%，不需要补偿；普速铁路采取并联电容补偿装置。

1.2.3 接触网部分的不同

高速铁路接触网，是沿铁路线上空架设的向电力动车组供电的高压输电线路，高速铁路列车运行所依赖的电流就是通过电力动车组上端的接触网来输送的。接触网一旦停电，或受电弓与接触网接触不良，便对列车的供电产生影响。

从外观上看，高速铁路接触网的结构形式与普速铁路相比没有大的变化，但是在结构参数和材料设备选择标准上有很大的区别。其更加强调受电弓与接触网的匹配关系，无论是外部环境还是内在标准都与普速铁路接触网有质的区别。

高速牵引负荷的特点是负荷大（是普速牵引负荷的3~4倍）并具有持续性。为保证大负荷持续供电，接触网的载流量要有大的提高，由此决定了高速铁路接触网与普速铁路接触网在结构参数和材质上有质的区别。

通过不断提高接触线的张力，可以大幅度提高接触线的波动传播速度，系统地满足高速受电弓平稳持续取流的需要。但是在接触悬挂系统的接口上还存在薄弱环节，可能产生硬点，造成致命的损害。由于受电弓与接触线的接触是软接触，任何硬点的冲击都将造成离线，中断受流并产生电弧，烧损接触线，缩短接触线的使用寿命，因此，控制离线率是区别高速铁路接触悬挂系统与普速铁路接触悬挂系统的重要指标。

在普速铁路中，电分相采用分相绝缘器方式，负载集中断线安装，在高速运营情况下已经不能满足受流的需要，因此采用锚段关节方式取代分相绝缘器方式，实现无硬点平滑过渡。

普速铁路采用交叉线岔方式，双线交叉负载集中，传统的施工工艺已经不能满足高速受电弓通过的要求，因此在高速接触悬挂系统与正线连接的线岔采用无交叉线岔方式，通过精确的结构布置，保证正线高速列车在通过道岔时，不与侧线发生接触，实现无接触通过；而侧线低速列车由于速度低，也可以正常取流地通过。

定位装置及悬挂装置是保证系统结构参数的重要部分，同时也是负载集中易产生硬点的位置，为保证高速悬挂的稳定性和消除硬点，高速铁路采取了两项主要措施：一是在有条件的情况下，尽量采用单支柱碗臂结构，在站场条件不具备时采用硬横梁方式，消灭了普速铁路中普遍采用的软横跨方式，避免由于接触线的振动对相邻接触线的影响；二是以铝合金等轻型材质的定位器取代普通钢质定位器，以减少悬挂点处的负载重量，消除可能产生的硬点。

为保证线路两侧的人身安全，设置贯通综合接地系统是高速铁路与普速铁路的重要区别。

高速铁路接触网作为一个完整的系统，在大张力接触悬挂的情况下，支柱强度要相应提高；在高速铁路曲线半径大于7 000 m的线路条件下，接触网定位方式大为简化和标准化，取消了软定位等定位形式。

我国高速铁路接触线距钢轨顶面的高度不超过6 500 mm；接触线悬挂点高度不宜小于5 300 mm，接触线最低点的高度不小于5 150 mm，站场和区间接触网的高度应一致，与普速铁路相比，略低一些。

综上所述，高速铁路接触线是通过吊弦悬挂在承力索上的，承力索悬挂于支柱的支持装置上，使接触线在不增加支柱的情况下增加了悬挂点，利用调整吊弦长度，使接触线在整个跨距内与轨面的距离保持一致。链形悬挂减小了接触线在跨距中间的弛度，改善了弹性，增加了悬挂重量，提高了稳定性，可以满足动车组高速运行取流的要求。高速铁路接触网如图1－2所示。

图1－2 高速铁路接触网

1.2.4 高速铁路接触网的安全问题

在高速铁路的整个系统中，接触网是最容易出现问题的环节之一。接触网是高速铁路牵引供电系统的重要组成部分，列车从铁路上方架设的接触网上取得高压电流，从而获得持续、充足的动力。柔性的接触网，最易受到外力的影响发生位移，在遭到雷击后发生短路时，列车断电停车的可能性很大。

1.3 高速铁路线路

高速铁路线路的组成与普速铁路基本相同，但由于高速铁路要求高速度、高舒适性、高安全性等，为了达到以上要求，在线路技术方面，采用道床和路基强化技术、无砟轨道技术、无缝道岔技术、跨区间超长无缝线路技术等，提高了轨道平顺性、刚度均匀性，大大减少了维修工作量，保证了高速行车安全，满足了旅客舒适度的要求。同时，为了解决与既有公路、道路立体交叉，节约宝贵的土地资源，减少拆迁工程量，控制无砟轨道铺设完成后的沉降，视地形、地貌、地质情况，采用高架线，以桥代路。高速铁路线路与普通铁路线路相比主要有以下不同之处。

1.3.1 平纵断面

（1）高速铁路线路采用全封闭、全立交，线路两侧按标准进行栅栏封闭，铁路技术作业的专用通道和处所，须设置“非铁路作业人员禁止进入”的警示标志，站内不得设置平过道。

（2）最小曲线半径根据不同的区间，因地制宜，合理选用。200 km/h 客运专线，一般为 2 200 m；250 km/h 区间，有砟轨道一般为 3 500 m，无砟轨道一般为 3 200 m；300 km/h 区间，有砟轨道和无砟轨道均为 5 000 m；350 km/h 区间，一般要求 7 000 m。最大曲线半径为 12 000 m。

（3）限制坡度较大。由于高速铁路具有功率高、速度快的特点，运营时可以为动车组爬坡提供强劲的动能，所以允许采用较大的坡度值。高速铁路区间正线的最大坡度为 20‰，困难地段达到 30‰，动车组走行线的最大坡度可达 35‰。

（4）竖曲线半径较大。高速铁路线路的相邻坡度差大于 1‰，应设置竖曲线。竖曲线一般采用圆曲线型，且竖曲线最小长度不宜小于 25 m，竖曲线半径不得小于 15 000 m，允许速度大于 200 km/h 的地段，竖曲线半径不得小于 20 000 m，但最大不大于 40 000 m。

1.3.2 轨道结构上的要求

高速铁路轨道结构和普速铁路轨道结构一样，是由钢轨、轨枕、扣件、道床、道岔等部件组成的。由于列车对轨道结构的作用力与速度密切相关，所以要求高速铁路的轨道结构应具有足够的强度和稳定性。

1. 钢轨

我国高速铁路正线及到发线轨道应采用一次铺设跨区间无缝线路，正线钢轨应采用 100 m长定尺的 60 kg/m 钢轨，并焊成无缝线路。钢轨如图 1－3 所示。

图1－3　钢轨

2. 轨枕

高速铁路有砟轨道使用钢筋混凝土轨枕。为了减少轨道变形，增大强度，高速铁路无砟轨道还采用双块式钢筋混凝土轨枕。双块式钢筋混凝土轨枕的主要优点是横向有4个受力点（单块轨只有2个），增加了稳定性，而造价却比单块式减少20%。轨枕如图1－4所示。

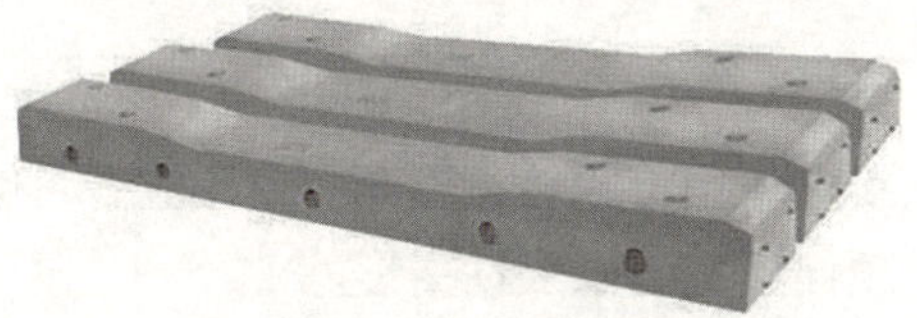

图1－4　轨枕

3. 扣件

我国高速铁路线路采用弹性扣件。我国高速铁路有砟轨道使用弹条V型扣件，无砟轨道使用WJ－7型、WJ－8型扣件。扣件如图1－5所示。

（a）弹条V型扣件

（b）WJ-7型扣件

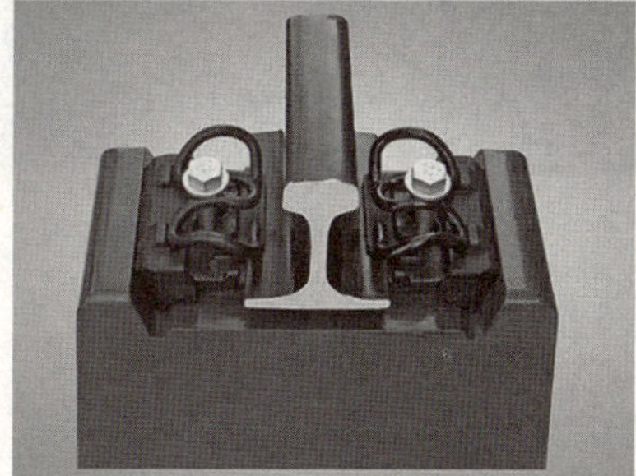

（c）WJ-8型扣件

图1－5　扣件

4. 道床

高速铁路的道床分有砟轨道和无砟轨道两种。新建 300 km/h 及以上铁路、长度超过 1 km的隧道及隧道群地段，可采用无砟轨道。道床（无砟轨道）如图 1 –6 所示。

图 1 –6　道床（无砟轨道）

1）有砟轨道

在高速铁路有砟轨道正线应采用特级碎石道砟。道床应有足够的厚度，以减少路基面所受的压力和振动，保证路基顶面不发生永久性变形。

2）无砟轨道

无砟轨道是以混凝土或沥青混合料等取代散粒道砟道床而组成的轨道结构形式。其具有平顺性高、刚度均匀性好、轨道几何形位能长久保持、维修工作量显著减少等特点。

无砟轨道如图 1 –7 所示。

图 1 –7　无砟轨道

5. 道岔

在高速铁路上使用的道岔仍以单开道岔为主。

1）高速铁路道岔的分类

高速铁路道岔按通过道岔的股道方向可分为直向高速道岔、直向和侧向均可高速通过的高速道岔两类。

(1) 直向高速道岔。

直向高速道岔与普通单开道岔在道岔的长度及辙叉角部分没有大的区别。为保证列车直向通过道岔的速度与区间线路一致，只是从局部改善道岔的几何形状、强化结构的强度、增强稳定性，以延长使用寿命。按《铁路技术管理规定（高速铁路部分)》规定，正线直向道岔的直向通过速度不应小于路段设计行车速度。直向高速道岔如图1－8所示。

图1－8　直向高速道岔

(2) 直向和侧向均可高速通过的高速道岔。

此类道岔应用于新建高速铁路线路上，可满足高速列车侧向通过时对运行的安全性和舒适性的要求，一般在区间的单渡线和高速联络线上使用。直向和侧向均可高速通过的高速道岔如图1－9所示。

图1－9　直向和侧向均可高速通过的高速道岔

2）高速铁路道岔的特点

高速道岔转辙器部分的尖轨一般比较长，为保证尖轨转换安全、可靠，以及转辙器部分技术状态良好，必须安装功率足够大的转辙机。同时，在扳动道岔后，除转辙机本身应当锁闭外，还应通过密贴监督装置控制开通进路，以保证尖轨转换后正常密贴。

在无联锁的线路上接发列车时，除严格按接发列车手续办理外，应将进路上无联锁的道岔及邻线上防护道岔加锁。

我国高速铁路普遍采用可动心轨辙叉道岔，其不仅可以减少道岔与动车组或机车车辆相互作用的附加惯性力及垂直、横向振动加速度，还有改善乘坐的舒适度及延长辙叉使用寿命等优点。

1.4 高速铁路信号与控制系统

高速铁路的信号与控制系统，是高速铁路列车安全、高密度运行的基本保证。世界各国发展高速铁路，都十分重视行车安全及其相关支持系统的研究和开发。高速铁路的信号与控制系统是集计算机控制与数据传输于一体的综合控制与管理系统，是当代铁路适应高速运营、控制与管理而采用的最新综合性技术，一般通称为先进列车控制系统。

高速铁路信号设备与普速铁路区别不大，列车运行控制系统（简称列控系统）将在其他项目介绍，这里主要介绍 CTC 调度系统。

1.4.1 调度集中系统的基础知识

1. 调度集中的基本概念

1925 年，美国铁道学会采用铁路区段按信号显示行车的理念，并将这种理念定名为调度集中。将信号和监控列车运行结合起来，在控制中心指挥列车运行是调度集中理念的主要特点。1950 年美国州际商务委员会将这个名词更名为调度集中系统。

调度集中（centralized traffic control，CTC），亦称列车集中控制，是控制中心（调度员）对某一调度区段的信号设备进行集中控制，对列车运行进行直接指挥、管理的技术理念及装备。

调度集中的主要功能是集中控制列车进路，其直接效果是实现了行车管理的自动化和遥控化。调度员在控制中心可以直接掌握所辖区段的列车运行情况，以此确定列车的行动，并利用相关技术手段通过传输网络控制所辖区段内各个车站的接发车进路，从而实现向列车传达指令。

调度集中系统建立在列车调度指挥系统基础上，由中国铁路各局集团有限公司（以下简称铁路局）、车站两级组成。调度集中系统不仅要完成列车调度指挥系统的全部功效，还要满足列车编组信息管理、调车作业管理、综合维修管理、列/调车进路人工和计划自动选排、分散自律控制等相关功能。

2. 国外调度集中系统的发展

调度集中系统，自第一次在美国铁路上应用以来，走过了漫长的发展历程，先后经历了继电器、电子管、晶体管、集成电路、大规模集成电路时代。

1927 年 7 月 25 日在美国纽约中央铁路，斯坦利至伯威克间，59.5 km 单线和 5.3 km 复线上，安装了第一套调度集中系统。这套系统是使用 1 根导线控制远方的道岔信号机，按共用 1 根回线的方式设计，因此其被称为单导线制式调度集中系统。因为耗铜量大，此系统未能得到很好的发展。随着载波传输和电码化技术的进步及铁路运量急剧增长，调度集中系统得到了迅速的发展，截至 1939 年美国铁路累计在 3 298.5 km 的线路上安装了调度集中系统。20 世纪 30 年代法国、苏联、瑞典和瑞士等其他国家相继使用了调度集中系统。

20 世纪 50 年代以前，世界各国大多采用步进制，此法是利用时间分隔法来解决大量的外线问题。随着电子技术的发展，20 世纪 50 年代后期各国铁路的调度集中系统，逐渐开始应用电子器件，由直流电码制转向频率电码制，电码传输速率由 100 ~ 200 bps 提高到 1 200 ~ 2 400 bps。1958 年日本结合新干线的需要，研制了传送高速电码的调度集中系统。

20 世纪 60 年代后期，随着小型计算机的发展，调度集中系统的功能和系统控制范围得到了进一步的扩大，增加了自动控制列车进路、列车交会预测，以及行车数据处理、显示和打印等功能。

20 世纪 70 年代末至 20 世纪 80 年代初，随着大规模集成电路技术的发展和微型计算机的推广应用，出现了以微型计算机取代继电式信号设备的发展趋势。各国相继研制出计算机化的调度集中系统，计算机化的调度集中系统将监视、控制、数据统计和报表处理、运行图调整等功能融合到一起。

国外调度集中系统主要取得了以下效果。

（1）提高运输效率，改善行车方法。采用电话行车指挥时，调度员的大部分时间都用来进行电话联系和记录列车运行点情况，工作负担很重。调度集中系统使得调度员能够及时了解整个区段内列车的运行情况和设备状态，有更多的时间来思考、调整和优化列车运行调整计划。利用列车运行调整计划自动控制列车的运行，可以大大缩短调度员指挥命令的执行时间，提高了运输效率，增加了区间通过能力，同时明显地减轻了行车指挥人员的劳动强度。

（2）减员增效，降低成本。由于控制中心集中遥控办理进路，并且可以及时地表示列车的运行情况，因而车站人员能够从办理行车的业务中解放出来。随着行车组织方式的改进及进路控制的智能化和自动化，各车站行车人员需求减少，劳动生产率显著提高。通过将售检票业务外包、采用自动化设备及货物集中装卸等办法，车站完全无人化也是可以实现的。

（3）便于灵活处理重大事件。由于列车运行情况能够实时表示，因此，当事故发生时，可以迅速、妥善地处理，从而在整体上增加了安全性。即使运行图被打乱，也能迅速、准确地恢复正常的运行秩序。

国外铁路公司以集中调度为主，大多采用中央控制方式，一般设一级调度机构。控制中心能够根据列车运行图、营销计划和各编组站的车流、空车分布状态，制定调度日班计划，落实营销计划，组织按图行车。例如美国的伯灵顿北方圣特菲铁路公司，该公司 5.2 万 km 的铁路只设置了 1 个控制中心和 1 个信息中心，其调度集中系统实现了道岔、信号的远程控制和所有列车的调度指挥。

随着计算机技术、网络技术和控制技术的快速发展，以及各国高速铁路的建设，调度集中功能更加完善，自动化程度更高，系统的可靠性和可维护性也更高，因此，调度集中系统在世界各国得到了广泛的应用。

1.4.2 我国调度集中系统的概论

1. 我国调度集中系统的发展历史

1958 年我国开始仿制苏联的极性频率制调度集中系统，并于 1963 年在宝鸡—凤州间 91 km的单线铁路上开通使用。由于线路坡度大，自动闭塞追踪发车困难等原因，该系统没有发挥预期的效果。为了进一步积累调度集中系统的运用经验，1965 年在郑州—开封间单线铁路上开通了极性频率制调度集中系统，该系统直到 1978 年修建双线时停止使用，达到了推迟双线建设、推迟投资的目的。

1958 年我国开始研制采用无接点元件构成的选控逐验式频率电码调度集中系统，并分别于 1961 年春在沈阳—铁岭间（71 km）和 1964 年冬在锦州—大虎山间（105 km）进行了试验。这个系统由于在线路环节和动作频繁的逻辑部分采用了矩磁磁芯和晶体管，输入、输出电路由继电器实现，从而提高了系统的工作速度，缩小了信号设备体积，延长了系统使用寿命，使信号设备电子化有了一个良好的开端。该系统定名为 DD－1 型调度集中系统，于 1966 年试生产，1967 年开始安装调试，1969 在成都—燕岗间正式开通。此后，我国相继研制出 DD－2 和 DY－1 型调度集中系统，在全国近 1 000 km 的线路上进行了推广。这些系统还没有全部采用电子器件，因此 20 世纪 70 年代前我国的调度集中系统仍处于由继电方式向全电子方式过渡的阶段。

全电子式 DD－3 型调度集中系统于 1972 年在天津—古冶间安装，供行车指挥自动化试验用，该系统于 1977 年在京广线郑州—孟庙间双线铁路上安装，但由于种种原因，其控制部分未能开通使用。

20 世纪 70 年代中期至 20 世纪 80 年代初期，我国开始使用中规模集成电路器件和自主研制的 100 系列小型计算机进行现场试验，使用计算机自动控制列车进路和自动描绘运行图。1982 年在天津—芦台间完成了该系统的全部功能试验，包括自动监督、传送列车车次号和记录列车运行状况、人工遥控办理进路、分区下放、进路储存、自动越行、计算机控制进路等，这奠定了我国发展计算机化调度集中系统的基础。

我国从 20 世纪 90 年代开始引进美国的调度集中系统，并开始研制适合我国国情的调度集中系统。采用微处理技术的 D4 型调度集中系统，于 1990 年在宝成线宝鸡—凤州间试用；同期 D5 型调度集中系统在大秦线安装调试完毕，但后期由于种种原因，控制部分未能开通使用。

之后我国引进了美国微型计算机调度集中系统，该系统于 1991 年在哈密—柳园间 272.6 km 的单线区段的双线插入段开通使用，并于 1995 年 12 月改建为双线调度集中系统。该系统在控制中心采用 2 台基本级中央计算机，使用 486 微型计算机，利用 2 台 PDP－VAX 3100型计算机绘制运行图，调度员终端采用 386 微型计算机，在控制中心内采用了以太网。

为了探索在平原地带，双线电气化区段使用调度集中系统的优越性，在郑州—武昌间引进了美国微型计算机调度集中系统，但由于系统功能不适应我国国情和铁路路情，未能开通使用。

自中华人民共和国成立以来到 1995 年年底，我国铁路调度集中系统总体上发展缓慢。受限于当时的系统设计水平，以及配套装备不齐全和运输管理等方面的原因，20 世纪 70 年代开通使用的调度集中系统，只有少量的单线铁路和车站调车作业量少的双线铁路区段继续使用。

2. 传统的调度集中系统不适用于我国铁路运输的原因

传统的调度集中系统通常由中心子系统、通信子系统和车站子系统组成，控制和运营管理采用集中模式，一切都在调度员管制下完成。通信子系统有多种构成形式，如树形、共享总线、环形、点至点互连、星形等，最常用的是环形和星形结构。传统的调度集中系统的主要功能是监视列车运行及控制列车进路。传统的调度集中系统不适用于我国铁路运输的原因如下。

1）交放权频度过多

在大力发展高速铁路之前，我国的国情和路情是铁路客货混合运输、中低速列车共线，大多数车站办理调车作业。

由于调车作业和列车作业可能会在同一时间范围内使用相同的股道，会产生相互影响。传统的调度集中系统只负责列车的集中指挥和控制，对调车作业未采取任何技术措施。如果车站进行调车作业，就会出现中心控制权与车站控制权的下放/上交。由于交放权手续繁杂、过程麻烦，频繁的调车作业导致了频繁地下放/上交控制权等原因，运输生产管理部门使用系统的积极性不高。

我国铁路线上实施传统“遥控型”调度集中控制时，存在无法解决的集中控制与频繁下放车站控制进行调车作业的矛盾，因此传统的调度集中系统不能满足我国铁路运输的要求，这是其难以推广应用的一个重要原因。

2）智能化程度不高

传统的调度集中系统不但不能将调度员从烦琐的工作中解脱出来，反而将车站值班员的既有工作追加给了调度员，加大了调度员的工作强度。另外，该系统又摆脱不了对车站值班员的依赖，许多工作仍然依靠车站值班员完成，不能对运输组织进行根本变革。

3）车次号技术问题

车次号是调度集中系统的基础信息，但传统的调度集中系统没有完全解决列车车次号自动输入、自动校核及自动跟踪的技术问题，造成车次号丢失或车次号错误，影响调度集中系统的正常使用。

4）可靠性水平低

鉴于当时的技术水平，传统的调度集中系统技术落后，质量不高，造成故障频繁发生，再加上信号设备基础质量不高，使得系统的可用度不高。系统经常停用、调度命令频发，都增加了各级人员的工作量，因此，传统的调度集中系统没有给各级运输生产指挥部门带来明显益处，反而带来了麻烦。

5）无线通信手段不能满足要求

不同于传统的调度员—车站值班员—司机（车长）的运输组织模式，调度集中系统是基于控制中心对列车进行集中指挥和调度管理的系统，由调度员直接对列车（司机）进行指挥与管理，因此必须保证调度员与司机之间具备良好的直接通信能力，但以往的调度集中系统在这一方面往往存在不足。

以上五点是传统的调度集中系统存在的主要问题，使得基层人员对采用调度集中系统进行列车集中指挥和调度管理没有积极性；再加上当时对人力资源调整改革、减员增效的认识不高，导致铁路运输部门对调度集中系统使用需求不大。

3. 我国铁路列车调度指挥系统

铁路列车调度指挥系统（train operation dispatching command system，TDCS）原名为铁路运输调度指挥管理信息系统（dispatching management information system，DMIS）。TDCS 是实现铁路各级运输调度对列车运行实行透明指挥、实时调整、集中控制的现代化信息系统。TDCS 由国铁集团）调度中心 TDCS、中国铁路各局集团有限公司（以下简称铁路局）调度所 TDCS 及车站 TDCS 组成，是一个覆盖全路的现代化铁路运输调度指挥和控制的系统。TDCS 利用信息技术、网络技术、控制技术等现代化科学技术手段取代了传统落后的行车指挥手段，采用了先进的通信、信号、计算机网络、数据传输、多媒体技术等现代信息技术，在保证网络安全的前提下，与相关系统紧密结合、互联互通、信息共享，从而实现了铁路运输组织的科学化、现代化，增加了运能，提高了效率，减轻了调度员的劳动强度，改善了调度指挥的工作环境。

要实现铁路快速发展，以 TDCS 为平台，组建分散自律、智能化、高安全性、高可靠性的新一代调度集中系统非常必要。根据铁路建设发展的总体思路，我国铁路以 TDCS 为平台，以调度集中（CTC）为核心，构建了现代化的铁路调度指挥管理信息系统。

我国已经建成了覆盖 18 个铁路局、全路 70 多条繁忙干线和主要干线铁路的 6 039 个车站 TDCS，实现了列车运行阶段计划自动调整、实际运行图自动描绘、调度命令自动下达、行车日志自动生成，达到了提高运输效率、保障行车安全的目的。TDCS 的建成为进一步实施分散自律调度集中系统，达到减员增效的目的，打下了坚实的基础。除此之外，随着 TDCS 的建设，铁路沿线基本建成了信息网络，为分散自律调度集中系统的实施奠定了重要基础，并加快了建设步伐。

4. 新一代调度集中系统的诞生

历史经验证明单纯依靠引进调度集中系统不能适应我国铁路路情，必须研发新一代调度集中系统。

传统的“遥控型”调度集中系统已远远不能满足现代铁路运输的要求，按照适应生产力布局调整、加快行车组织改革的思路，研究、发展新一代分散自律调度集中系统势在必行。

分散自律的概念最初源于日本东京圈城市铁路控制系统。由于日本是地震多发国家，为了使控制中心在遭受地震袭击而瘫痪后，车站还能在一定时间内正常接发列车，日本东京圈城市铁路控制系统特别在车站设立了自律计算机，通过接收控制中心下达的运行计划，在与控制中心的通信中断后仍能自行接发列车。

我国利用分散自律来解决行车和调车相互干扰的问题，实现了在不影响列车运行的原则下，允许控制中心和车站通过调度集中系统自主进行调车的功能。在车站设立自律机，按照列车运行调整计划和《车站行车工作细则》，完成正常接发列车及协调列车、调车作业冲突的功能，实现列车和调车作业的统一控制，这一原则叫作分散自律原则。

所谓分散自律调度集中系统，就是以分散自律控制模式为基本特征的调度集中系统。本书论述的 CTC 均指分散自律调度集中系统。该系统的实质是按照铁路运输指挥的模式，将调度员指挥列车运行的过程和车站值班员指挥、控制本站列车作业和调车作业的过程以形式化的描述纳入计算机处理，遵循的基本原则是列车作业优于调车作业，调车作业不得干扰列车作业，系统会自动判定冲突并及时给出报警。

2003 年铁路部门根据铁路运输发展的需要和科学技术的进步，同时为了提高我国铁路运输自动化水平，制定了《分散自律调度集中系统技术条件（暂行)》，其中提出了分散自律调度集中系统的技术框架和主要技术内核。分散自律调度集中系统综合了计算机技术、网络通信技术和现代控制技术，采用了智能化分散自律设计原则，以列车运行调整计划为中心，兼顾了列车作业和调车作业，是一个符合我国国情、铁路路情的高度自动化的调度指挥系统。该系统在实现列车进路自动控制的同时，将调车进路控制也纳入统一管理，解决了行车调度员与车站行车人员频繁交接控制权的问题，提高了系统的使用效率。分散自律调度集中系统是铁路信息化建设的新内容，是铁路运输组织的新模式，是铁路行车指挥现代化的重要标志，在我国具有广阔的发展前景，其推动了铁路运输调度指挥管理模式的变革。

分散自律调度集中系统是铁路现代化的重要技术装备，也是铁路信息化建设的重要内容，其具备以下特点。

1）智能化

分散自律调度集中系统通过利用计算机技术，对实际运输生产中的调度指挥工作流程进行优化处理，将该流程转化为计算机控制程序，使运输组织指挥实现智能化、自动化，从而最大限度地减轻了调度员的工作强度。分散自律调度集中系统在 TDCS 的基础上，实现了以下功能：列车运行计划自动调整；实际运行图自动描绘；利用网络下达调度命令；根据列车运行实际来调整计划执行情况并自动向有关列车发送信息；自动记录行车日志；为统计分析提供原始数据。分散自律调度集中系统使列车调度员能够集中精力进行列车运行计划的管理和调整，确保列车按图运行。

2）分散自律

分散自律就是基于现代计算机技术、网络技术、信息处理技术和智能化软件，实现以日班计划、列车运行调整计划为主轴和框架，将列车运行调整计划下传到各个车站自律机中自主执行；在列车运行调整计划的基础上，解决列车作业与调车作业在时间上和空间上的冲突，实现列车作业和调车作业的统一控制。分散自律调度集中系统的控制模式分为两种：分散自律控制模式和非常站控模式。分散自律控制的基本模式是用列车运行调整计划自动控制列车运行进路，同时在分散自律条件下控制中心具备人工办理列车、调车进路的功能，车站具备人工办理调车进路的功能；非常站控模式是指当调度集中设备故障、发生危及行车安全的情况或设备天窗维修、施工需要时，脱离系统控制转为车站传统人工控制的模式。分散自律控制模式下，没有中心控制权与车站控制权之分，只有指令不同来源之分，依据列车运行调整计划对来自多处的指令进行自律运算，科学合理地解决列车作业与调车作业的矛盾。

3）适应性

与传统调度集中系统不同，分散自律调度集中系统面向我国铁路路情，不仅要完成对列车作业的集中控制，还要解决对沿线车站调车作业的集中控制。通过采用分散自律技术，在列车运行调整计划的控制下，解决以往因调车作业带来的频繁交接权问题，实现中间站调车作业的集中控制。

分散自律调度集中系统不但要适用于有人站，也要适用于无人站，即系统除了适应不同牵引动力、运行速度、运量、线路类型的区段和枢纽地区外，还要适应不办理客货运业务、调车作业量较少的车站，以实现行车岗位的无人化。依靠先进的计算机技术、网络技术和智能化技术，分散自律调度集中系统通过对现行运输过程的优化，实现调度指挥中心对列车运行的直接集中管理与调度指挥，实现以列车运行为主、沿线调车作业为辅的行车指挥自动化。

4）可靠性

分散自律调度集中系统采用冗余系统配置和高质量的软硬件产品，使系统的可靠性达到先进水平，并通过故障弱化措施，突破以往的技术误区，提高系统的可用度。分散自律调度集中系统采用高性能、高质量、高可靠的计算机、服务器、工作站等设备，从铁路局控制中心到车站全部采用双套冗余配置方案。广域网采用了迂回、环状、冗余设计，对于新建客运专线、高速铁路又特别提供了可使用独立光纤的方案以满足更高的保障要求。对电源和通道同步提出了高性能配置和雷电防护要求，满足铁路部门颁布的电磁兼容和防雷标准。在铁路局控制中心设置网管工作站，通过网络拓扑技术及故障诊断技术，可以对网络上每一节点的状态进行实时监控。与此同时，专门设置了系统维护工作站，用于监视系统的运行状况，对铁路局控制中心工作站、车站自律机的所有操作命令、设备运用状态、故障报警信息进行分类、记录和输出。采用远程维护服务器，用于远程技术支持，在维护人员授权的情况下，可以进行异地远程修复及其他技术支持。分散自律调度集中系统明确要求具有自我诊断，运行日志保存、查询和打印等功能，并具有维护专家远程控制功能，真正实现了系统维护工作的现代化。

5）安全性

分散自律调度集中系统的车站自律机采用智能控制技术，进行自律检查时，纳入了《铁路技术管理规程》、《铁路运输调度规则》、《铁路行车组织规则》和《车站行车工作细则》的要求，保证了系统的安全性，对违反分散自律安全条件的人工操作，系统可以进行报警、提示甚至阻止。对控制信息通过合法性、时效性、完整性和无冲突性的检查来保证命令的安全。车站自律机采用故障—安全理念进行设计，保证在系统故障状态下不会造成错误输出，从而不会导致联锁设备错误解锁或错误关闭信号。由于分散自律调度集中系统是建立在网络技术上的涉及行车安全的系统，该系统的信息安全和网络安全都非常重要，须采用信息加密技术确保重要信息的传输安全，避免恶意伪造和篡改控制信息。

6）标准化

分散自律调度集中系统充分体现了统一标准的原则。我国铁路信号发展的经验说明，技术装备标准越规范、制式越统一、技术越成熟，技术发展就越顺利。分散自律调度集中系统从技术规范到系统成型都充分体现了标准统一、制式统一、功能统一的原则。分散自律调度集中系统的标准统一主要包括系统基本功能统一、网络结构统一、用户协议统一、系统软硬件平台统一、无线通信接口统一等，还包括面向车务人员操作的人机界面风格的规范统一等方面。

7）可扩展性

铁路每年都有不同规模的大修、新建工程，调度集中设计的范围和规模将会不断扩大，因此，分散自律调度集中系统在设计中充分考虑了今后升级、扩展的要求。由于分散自律调度集中系统大量采用了计算机技术、智能决策技术、控制技术、网络技术及数据传输技术等，这些技术现在也处于高速发展期，会不断地更新换代，因此分散自律调度集中系统要按照国际标准规范进行设计，预留今后进行升级和扩展的空间。

1.5 高速铁路防灾安全监控系统

高速铁路行车安全关系到人民生命、国家财产的安危，是确保高速铁路安全运营的最核心、最关键、最根本的问题。随着列车运行速度的提高，遇到的各种危险因素也在增多。高速铁路受强风、暴雨、大雪、地震等自然灾害和跨线桥、隧道口和公铁并行区段的异物侵限灾害（如翻车、落石、落物）的影响，所引发的列车脱轨、停运、车毁人亡、线路桥梁损毁等一系列重大事故随时可能发生。为了保障行车安全，提高运输效率，需建设包括风、雨、雪、地震等自然灾害的防灾监测系统，使高速铁路具备在强风、暴雨、大雪、地震等条件下抵御灾害的能力。另外，普速列车运行速度较低，以人工驾驶为主，当线路上有障碍物时，从目视发现障碍物到列车制动停车，时间和距离上尚可保证安全，发生意外的可能性较小。而高速铁路列车以200 km/h及以上的速度运行时，目视瞭望已不能保证行车安全，危险性大大增加。高速铁路与普速铁路相比，其安全保障体系要求更加严密。

1.5.1 防灾安全监控系统的组成

高速铁路的防灾安全监控系统包括：风监测、雨监测和异物侵限监控三个子系统，在部分地区还建有融雪装置和地震监控子系统。

防灾安全监控系统是架构于通信传输系统之上的集灾害信息采集、分析、处理，以及指导、辅助安全行车的平台，其主要是对危及铁路运输安全的自然灾害及异物侵限等突发危害进行监测，并提供经处理后的灾害预警信息、限速信息或停运信息等，为运营调度指挥中心调整列车运行计划、下达行车调度命令、组织抢险救援、开展设备维修提供依据，以保证列车安全正点、高速、高效运行。

防灾安全监控系统主要设置以下设备。

（1）在各现场监测点，设置风、雨、雪、地震及异物侵限现场监测设备。

①风监测子系统现场监测设备，由风速风向仪、远程数据传输单元等组成。风现场监测设备通过风监测传感器采集监控点现场的风速、风向、气温、气压等信息，进行编码后传送给邻近基站配置的现场监控单元。

②雨监测子系统现场监测设备，由雨量计、远程数据传输单元等组成。雨现场监测设备

通过雨监测传感器采集监控点现场的雨量信息，并编码后传送给邻近基站配置的现场监控单元。

③异物侵限监控子系统现场监测设备，由双电网传感器、轨旁控制器等组成。现场异物侵限监测设备主要是对沿线桥梁进行监测，通过双电网传感器对桥梁的落物进行监测，并将报警信息传送到邻近基站配置的现场监控单元。

（2）在 GSM－R 基站、车站等的机房内，设置现场监控单元，根据所接入的现场监测传感器种类的不同，分别配置风、雨监测及异物侵限监控的单元主机。

（3）在工务段机房设置监控数据处理设备，在铁路局工务处设置工务终端。

监控数据处理设备由数据服务器、应用服务器、通信服务器、磁盘阵列、网络交换机、网络安全设备、维护终端等设备组成。其中数据服务器、应用服务器、通信服务器、网络交换机、网络安全设备等都采用双机热备模式，保障作为整个系统中心的监控数据处理设备的安全可靠。工务终端由工务终端设备、告警箱、UPS 电源等组成。

（4）在调度所设置调度所设备，在调度所行车调度台设置防灾监控终端。

①调度所设备由防灾监控终端、通信服务器、UPS 电源等设备构成。发生各种紧急情况时，其向 CTC 系统发送报警信息。

②防灾监控终端以文本、图形等方式显示风、雨、异物侵限等灾害的报警、预警信息及相应的行车应急处置预案，并提供声音报警。

（5）各监控单元与综合工区、调度所间，通过传输网络设备构成传输网络，在局界处的传输网络冗余覆盖至临界基站。

（6）防灾监控系统通过继电接口直接与列控系统连接。

1.5.2 防灾安全监控系统的主要功能

1. 现场监控单元的主要功能

（1）完成风速（含风向、气温、气压）、降雨量、异物侵限等信息的采集、缓存、分析和相应的数据处理。

（2）将风速、降雨量等监测信息传送至监控数据处理设备。

（3）发生异物侵限时，监控单元触发列控系统，使列车自动停车。

（4）具备自检和对监测设备工作状态的检测功能，并能将故障信息上传至监控数据处理设备，并接受监控数据处理设备的集中检测管理。

2. 监控数据处理设备的主要功能

（1）监控数据处理设备实时接收各监控单元传送来的各种监测信息，并能对监测信息进行存储、分析处理、显示、打印等操作。

（2）对风、雨、异物侵限监测信息进行分析处理，根据灾害强度，生成各类报警、预警信息，以及相应的行车应急处置预案并传送至工务终端和调度所防灾监控终端；发生灾害时，弹出报警界面，提醒工务人员及时采取相应的措施；提示调度所统一指挥，积极处理。

（3）存储风、雨、异物侵限监测数据和报警、预警及设备故障信息。

（4）具备将各类信息按指定时段进行统计分析的功能，并为维护管理人员提供监测、报警、预警，以及设备故障等信息的查询、显示和报表输出功能。

（5）提供监测信息维护、系统运行参数配置、用户权限管理及访问日志等在内的系统管理功能。

（6）具有自检和对监测设备、监控单元的故障进行监测，以及将故障报警信息传送至工务终端的功能；各工务终端实现系统设备自身故障定位和故障报警显示、历史记录查询等功能。

（7）具有与综合维修基地管理信息系统的接口，并提供灾害信息。具有与国家气象部门的通信接口，接收灾害预报、预警信息。

3. 调度所设备的主要功能

为调度人员提供防灾信息，给出行车建议。

4. 工务终端的主要功能

（1）以图形、文本、声音报警等方式，提供风、雨、异物侵限及设备故障等报警、预警信息，以及相应的维护预案，并具有信息查询和报表输出功能。

（2）具备对管辖范围内异物侵限监控子系统设备的工作状态进行远程试验的功能。

1.5.3 防灾安全监控系统的应用

根据高速铁路的实际需要，防灾安全监控系统应满足以下几个方面的应用要求：实时监测高速铁路列车运行环境中各类主要灾害和关键行车设备的安全隐患；对实时采集的安全监测数据进行分析处理，集中监视灾害状况、关键行车设备的安全状态，以及安全监测设备自身的运行状态，对灾害或设备故障的性质和级别进行判定，向各相关调度台自动报警并给出处理建议。由于高速铁路的运营特点，对于大风、暴雨、地震、异物侵限等突发性灾害信息传输的实时性要求很高，这对防止行车事故至关重要。这类灾害的监测信息可以通过联锁系统直接控制列车速度，如有条件，应在重点处所、关键设备、人群密集等地点设置摄像头，以便对现场情况进行实时监控。

1. 风监测

风监测子系统包括大风监测和报（预）警两个部分。

（1）大风监测。该功能可实时监测铁路沿线风速、风向，经过系统分析和判断，为行车指挥控制系统提供合理的行车速度限制指令信息，或者为相关部门启动应急预案提供决策依据。运用这种技术，既可以降低大风对铁路行车的影响和危害程度，也保证了行车效率。

（2）大风报（预）警。该功能在测量到的平均风速达到一定的风级数值后，发出报警信号，在测量到的平均风速小于一定的风级数值后，解除报警。发出报警时限为风速达到报警数值后的 10 s 内；解除报警时限为大风降级后的 10 min 内。

风速、风向实时监测报警功能是风监测子系统的基础功能，每个风监测点设置了两套独立的风速、风向计，以保证监测的可靠性。

防灾安全监控系统具备大风预警功能。系统通过对历史监测数据进行挖掘和分析，可提前 2 ~ 5 min 对强风进行预警，预警值和未来实测值的平均误差不超过 ±10% 。

当风速持续超过报警值3 m/s，自动弹出报警点和建议限速值。此时列车调度员根据报警点前后两个监测点的公里坐标，确定限速区段（限速区段为报警监测点的相邻两端监测点之间），并立即向相关列车司机发布限速调度命令。对来不及发布调度命令的列车，应立即通知司机。当系统发出禁止运行的报警信息后，列车调度员应及时关闭相关信号，通知司机停车地点或指示司机立即停车。当系统报警解除后，列车调度员应向相关列车发布恢复正常运行的调度命令。

2. 雨量监测

雨量监测和报警采取“小时降雨量”及“24小时降雨量 + 小时降雨量监测”报警。小时、日降雨量小于列车慢行警戒值时，动车组以正常速度运行；小时降雨量达到或超过15 mm且日降雨量达到或超过100 mm时，限速160 km/h；小时降雨量达到或超过30 mm时，禁止所有列车进入雨区。

在调度所监控终端上显示雨量监测报警信息及其对应的行车应急预案，列车调度员借助列控系统临时限速终端，以设置和取消临时限速为手段，使列车限速运行。

当降雨量达到警戒值时，系统自动报警，列车调度员根据报警信息，立即向相关列车发布限速调度命令或扣停列车。降雨量达到封锁警戒值时，指示运行在报警区间的列车以能够随时停车的速度（最高不超过45 km/h）运行到前方车站后，封锁区间。

3. 异物侵限监控

异物侵限监控子系统现场监测设备由双电网传感器、轨旁控制器等组成。

防灾安全监控系统的异物侵限监控子系统，监测侵入铁路限界的异物，触发列控系统接口使列车产生紧急制动，在发生异物侵限事故所对应的闭塞分区外方停车。双电网传感器一路电网断线时，防灾安全监控系统发出报警；双电网传感器两路电网同时断线时，防灾安全监控系统在发出报警的同时触发列控系统接口，使列车产生紧急制动。

当异物落下砸断防护网侵入铁路限界时，防灾系统向CTC系统发送异物侵限报警信息，同时通过列控联锁触发列车自动停车。列车调度员接到落物报警的信息后，应立即呼叫有关列车停车，并通过视频监视系统进行查看，同时向值班主任（值班副主任）汇报。值班主任（值班副主任）应立即通知工务、电务、供电、公安等部门赶赴现场检查处理。

当视频监视系统不能显示、显示不清或显示无异状时，列车调度员在列车进入相关地段前通知司机改按目视模式，以遇到障碍能随时停车的速度，最高不超20 km/h运行，查清本线及邻线线路情况，并向列车调度员汇报。

列车调度员接到现场报告后，由助理调度员根据现场请求设置临时限速，点击临时通车按钮恢复行车。不能设置时，列车调度员应向通过该地段的列车司机发布限速运行的调度命令。

4. 融雪装置及地震检测报警系统

穿越寒冷和地震地区的高速铁路，为了确保列车安全、可靠运行，还需配备融雪装置及地震检测报警系统。

在防雪方面，通常在列车头部安装犁雪机以排除轨道上的积雪，或采用可以在钢轨下储存降雪的高架结构。此外，还可以采用设置于轨道沿线的洒水器喷洒盐水融雪的方法。为监视雪情变化，还可以设置工业电视和积雪深度测量仪等设备。

当轨道上的积雪达到一定程度时，即可自动启动安装在道岔区段的融雪装置对道岔进行除雪，保证道岔转换装置正常工作。

在防震方面，除在进行建筑物设计时就要考虑抗震因素外，还可以在轨道沿线按 15 ~ 20 km间隔设置地震监控点，每处地震监控点均设置两套地震检测设备。每套地震检测设备包括地震传感器和强震动记录器各一台。两台地震传感器的安装距离要大于40 m。在地震监测点处设置仪器墩，传感器安装于仪器墩上。通过地震传感器和路基倾斜传感器，实时监测可能发生地震的灾害程度、范围等，将分析的结果向列车调度员发出相应等级的灾害报警。同时地震监测系统通过继电器与列控和牵引供电系统连接，符合故障导向安全原则。

【实训】

高速铁路行车设备实训

【实训目标】

（1）能够辨识高速铁路动车组的类型、高速铁路的牵引供电设备。

（2）能够掌握高速铁路线路、高速铁路信号与控制系统、高速铁路防灾安全监控系统基础知识。

（3）培养初步的自主学习能力。

【实训内容与要求】

第一步：由教师介绍实训的目的、方式、要求，调动学生实训的积极性。

第二步：对学生进行分组，确定各小组的组长和人员分工。

第三步：由教师介绍高速铁路行车设备知识并宣布讨论的问题。

第四步：各小组对教师布置的问题进行讨论，并记录小组成员的发言。

第五步：根据小组讨论记录，撰写讨论小结。

第六步：各小组相互评议，教师点评、总结。

【实训成果与检测】

成果要求：

（1）提交案例讨论记录：3 ~ 5 名学生为 1 组，设组长 1 人、记录员 1 人，每组必须有小组讨论、工作分工的详细记录，以作为考核成绩的依据。

（2）能够在规定的时间内完成相关的讨论，撰写小结。

评价标准：

（1）上课时积极与教师配合，积极思考、发言。

（2）认真阅读案例，积极参加小组讨论，分析问题思路较宽。案例分析基本完整，能结合所学理论知识处理问题。

（3）小组成员积极参与小组活动，团队分工合作情况较好。

项目 2

高速铁路列车运行控制系统

【知识目标】

- 掌握 CTCS 的概念；
- 掌握 CTCS 的构成；
- 了解 CTCS 的应用等级；
- 掌握 CTCS 的主要功能。

【技能目标】

- 能够根据 CTCS－2 级列控系统相关知识完成相关工作；
- 能够根据 CTCS－3 级列控系统相关知识完成相关工作；
- 能够根据 CTCS 应急办法完成相关工作。

【学习重点及难点】

- 学习重点：CTCS 的概念；CTCS 的构成、CTCS 的应用等级、CTCS 的主要功能。
- 学习难点：CTCS－2 级列控系统、CTCS－3 级列控系统、CTCS 应急办法。

【本章知识结构图】

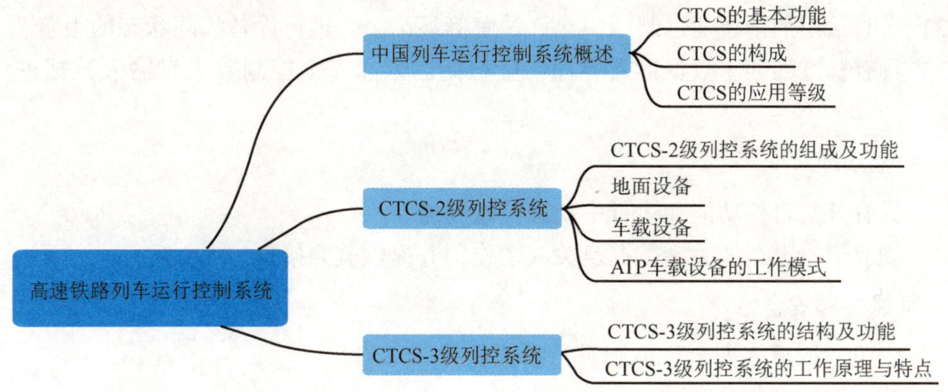

2.1　中国列车运行控制系统概述

随着列车运行速度越来越快，运输安全问题也越来越突出。完全靠人工瞭望、人工驾驶列车已经不能保证行车安全了，即使装备了机车信号和自动停车装置，也只能在普通速度运行条件下保证安全，无法确保高速运行条件下的安全，因此，列车运行控制系统应运而生，其能实现对列车间隔和速度的自动控制，这进一步提高了运输效率，保证了行车安全。

列车运行控制系统（以下简称列控系统）是在传统自动闭塞的基础上增加列车自动控制功能的信号防护系统，其由地面设备和车载设备组成。它是计算机、通信、控制等信息技术与信号技术高水平集成与融合的产物。

中国列车运行控制系统（Chinese train control system，CTCS）是为了保证列车安全运行，以分级形式满足不同线路运输需求的列控系统。

2.1.1　CTCS 的基本功能

1. 安全防护

（1）在任何情况下防止列车无行车许可运行。

（2）防止列车超速运行。

①防止列车超过进路允许速度。

②防止列车超过线路结构规定的速度。

③防止列车超过机车车辆构造速度。

④防止列车超过临时限速及紧急限速。

⑤防止列车超过铁路有关运行设备的限速。

（3）防止列车溜逸。

2. 人机界面

（1）以字符、数字及图形等方式显示列车运行速度、允许速度、目标速度和目标距离。

（2）实时给出列车超速、制动、允许缓解等显示，并进行设备故障状态的报警。

（3）具有标准的列车数据输入界面，可根据运营和安全控制要求对输入数据进行有效性检查。

3. 检测功能

（1）具有开机自检功能和运行中动态检查功能。

（2）能够记录设备的关键数据及关键动作，并提供监测接口。

4. 可靠性和安全性

（1）按照“故障—安全”原则进行系统设计。

（2）核心硬件设备采用冗余结构。

（3）满足电磁兼容性相关标准。

2.1.2 CTCS 的构成

1. CTCS 的体系结构

如图 2－1 所示，CTCS 的体系结构按铁路运输管理层、网络传输层、地面设备层和车载设备层配置。

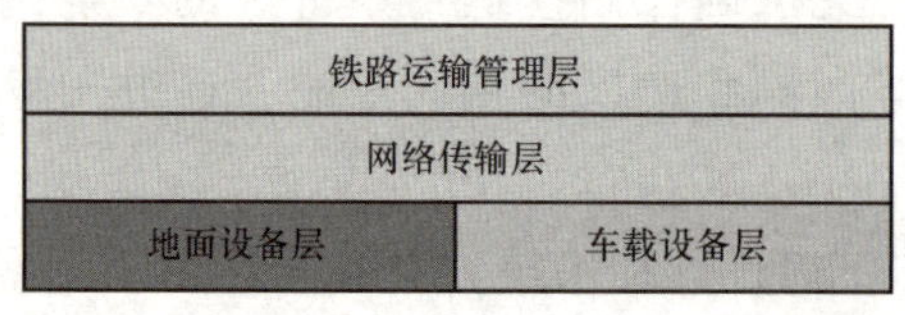

图 2－1 CTCS 的体系结构

1）铁路运输管理层

铁路运输管理层是行车指挥中心，其以 CTCS 为行车安全保障基础，通过通信网络实现对列车运行的控制和管理。

2）网络传输层

网络传输层分布在系统的各个层面，通过有线和无线通信方式实现数据传输。

3）地面设备层

地面设备层主要包括列控中心、轨道电路和点式设备、接口单元、无线通信模块等。列控中心是地面设备层的核心，其根据行车命令、列车进路、列车运行状况和设备状态，通过安全逻辑运算，产生控车命令，实现对运行列车的控制。

4）车载设备层

车载设备层是对列车进行操纵和控制的主体，具有多种控制模式，其能够适应轨道电路、点式传输和无线传输方式。车载设备层主要包括车载安全计算机、连续信息接收模块、点式信息接收模块、无线通信模块、测速模块、人机界面和记录单元等。

2. 系统构成

如图2－2所示，CTCS由车载子系统和地面子系统组成。

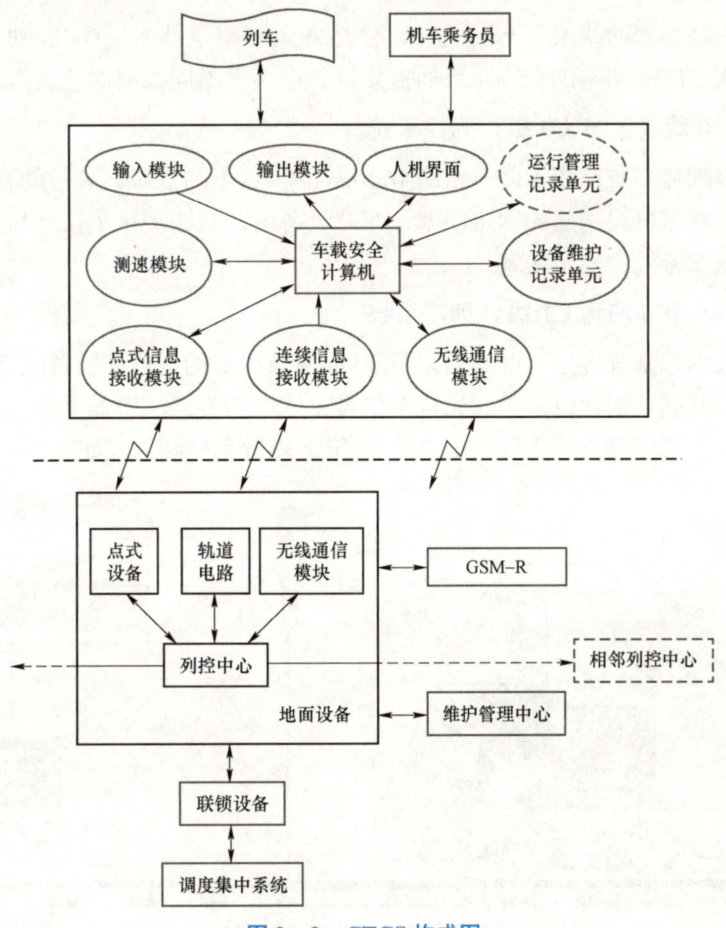

图2－2 CTCS构成图

(1) 地面子系统由以下部分组成：点式设备、轨道电路、无线通信模块、列控中心（TCC）/无线闭塞中心（RBC）。

①点式设备（应答器）：向车载子系统发送报文信息的传输设备，既可以传送固定信息，也可以连接轨旁单元传送可变信息。

②轨道电路：具有轨道占用检查、沿轨道连续传送地面信息和车上信息的功能。

③无线通信模块：用于车载子系统和列控中心进行双向信息传输的车地通信系统。

④列控中心：基于安全计算机的控制系统，它根据地面子系统或来自外部地面系统的信息（如轨道占用信息、联锁状态等）产生列车行车许可命令，并通过车地信息传输系统传输给车载子系统，保证列控中心管辖范围内列车的运行安全。

(2) 车载子系统由以下部分组成：CTCS列控系统车载设备、无线通信模块。

①CTCS列控系统车载设备：基于车载安全计算机，通过与地面子系统交换信息来控制列车运行。

②无线通信模块：用于在车载子系统和列控中心间进行双向通信。

2.1.3 CTCS的应用等级

针对中国铁路不同的线路、不同的传输信息方式和闭塞技术，CTCS列控系统划分为5个等级，依次为CTCS－0～CTCS－4级列控系统，以满足不同线路的速度需求。

1. CTCS－0级（简称C0级）列控系统

CTCS－0级列控系统应用于既有铁路160 km/h及以下的区段，装备既有铁路信号设备。其地面采用国产轨道电路构建的固定闭塞；车载设备由车载通用机车信号和列车运行监控记录装置组成；闭塞方式为固定闭塞。

2. CTCS－1级（简称C1级）列控系统

CTCS－1级列控系统应用于既有铁路160 km/h及以下的区段，装备既有铁路信号设备。它在既有设备的基础上强化改造，达到机车信号主体化的要求，增加了点式设备，以实现列车运行安全监控。其闭塞方式为固定闭塞。C1级区段行车控制方式如图2－3所示。

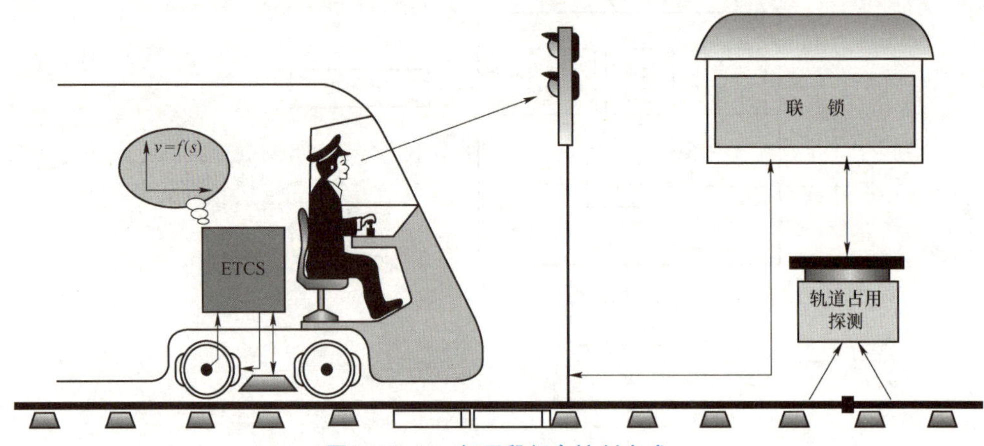

图2－3 C1级区段行车控制方式

1）地面子系统组成

（1）轨道电路：完成列车占用检测及列车完整性检查，连续向列车传送控制信息。车站正线采用与区间同制式的轨道电路，侧线采用与区间同制式的叠加电码化设备。

（2）点式设备：宜设置在车站附近，主要用于向车载设备传输定位信息。

2）车载子系统组成

车载子系统由主体机车信号、点式信息接收模块和列车运行监控记录装置组成。

3. CTCS－2级（简称C2级）列控系统

CTCS－2级列控系统用于提速干线、客运专线和特殊线路，其采用车地一体化设计，是基于轨道电路传输信息的列车运行控制系统。其闭塞方式为准移动闭塞，适用于各种限速区段，地面可不设通过信号机，机车乘务员凭车载信号行车。C2级区段行车控制方式如图2－4所示。

图2-4 C2级区段行车控制方式

1）地面子系统组成

（1）列控中心：根据列车占用情况及进路状态计算行车许可及静态列车速度曲线并传送给列车。

（2）轨道电路：完成列车占用检测及列车完整性检查，连续向列车传送控制信息。车站与区间采用同制式的轨道电路。

（3）点式设备。

2）车载子系统组成

（1）连续信息接收模块。

（2）点式信息接收模块。

（3）测速模块。

（4）设备维护记录单元。

（5）车载安全计算机。

（6）人机界面。

（7）机务管理记录单元。

（8）预留无线通信模块接口。

4. CTCS-3级（简称C3级）列控系统

CTCS-3级列控系统用于提速干线、客运专线和特殊线路，其是基于无线通信方式传输信息，并采用轨道电路等方式检查列车占用的列车运行控制系统，点式设备主要传送定位信息。C3级列控系统可以叠加在C2级列控系统上。其闭塞方式为准移动闭塞，适用于各种限速区段，地面可不设通过信号机，机车乘务员凭车载信号行车。C3级区段行车控制方式如图2-5所示。

1）地面子系统组成

（1）无线闭塞中心（RBC）：使用无线通信手段的地面列车间隔控制系统。它根据列车占用情况及进路状态向所管辖列车发出行车许可和列车控制信息，所使用的安全数据通道不能用于话音通信。

（2）无线通信模块：作为系统信息传输平台完成地—车间大容量的信息交换。

（3）轨道电路：主要用于列车占用检测及列车完整性检查。

（4）点式设备：主要提供列车定位信息。

图 2-5 C3 级区段行车控制方式

2）车载子系统组成

（1）无线通信模块：作为系统信息传输平台，完成车—地间大容量的信息交换。

（2）点式信息接收模块：完成点式信息的接收与处理。

（3）测速模块：实时检测列车运行速度并计算列车走行距离。

（4）设备维护记录单元：对接收信息、系统状态和控制动作进行记录。

（5）车载安全计算机：对列车运行控制信息进行综合处理，生成控制速度与目标距离模式曲线，控制列车按命令运行。

（6）人机界面：车载设备与机车乘务员交互的接口。

（7）机务管理记录单元：规范机车乘务员驾驶，记录与运行管理相关的数据。

5. CTCS-4 级（简称 C4 级）列控系统

CTCS-4 级列控系统面向高速新线或特殊线路，是完全基于无线传输信息的列车运行控制系统。地面可取消轨道电路和通过信号机，由无线闭塞中心和列控车载设备共同完成列车定位和完整性检查，实现虚拟闭塞或移动闭塞。C4 级区段行车控制方式如图 2-6 所示。

图 2-6 C4 级区段行车控制方式

1）地面子系统组成

（1）无线闭塞中心（RBC）：使用无线通信手段的地面列车间隔控制系统。它根据列车占用情况及进路状态向所管辖列车发出行车许可和列车控制信息，所使用的安全数据通道不能用于话音通信。

（2）无线通信模块：作为系统信息传输平台完成地—车间大容量的信息交换。

2）车载子系统组成

（1）无线通信模块：作为系统信息传输平台，完成车—地间大容量的信息交换。

（2）测速模块：实时检测列车运行速度并计算列车走行距离。

（3）设备维护记录单元：对接收信息、系统状态和控制动作进行记录。

（4）车载安全计算机：对列车运行控制信息进行综合处理，生成控制速度与目标距离模式曲线，控制列车按命令运行。

（5）人机界面：车载设备与机车乘务员交互的接口。

（6）全球卫星定位或其他设备：提供列车定位及列车速度信息。

（7）列车完整性检查设备。

（8）机务管理记录单元：规范机车乘务员驾驶，记录与运行管理相关的数据。

6. CTCS 各应用等级间的关系

CTCS 对既有线的兼容能力是通过 C0 级列控系统和 C1 级列控系统来反映的，C2 级列控系统、C3 级列控系统、C4 级列控系统则是体现现代列控技术的系统。CTCS 各级均可通过技术装备实现向下兼容，系统级间切换可以自动完成，级间切换不影响列车正常运行，如既有线提速区段，配置CTCS－2级列控系统车载设备的列车可以在运行过程中自动完成 CTCS－0/1 级列控系统至 CTCS－2 级列控系统或CTCS－2级列控系统至 CTCS－0/1 级列控系统的切换。

2.2　CTCS－2 级列控系统

CTCS－2 级列控系统是在我国既有成熟信号系统技术设备的基础上，通过适当增加其他信号设备［如点式设备（应答器）、车站列控中心、ATP 车载设备］构成的具有中国特色、实现目标距离速度控制功能并基于轨道电路的连续式列控系统。CTCS－2 级列控系统制式统一，与既有线信号系统兼容。地面设备与车载设备采用一体化设计，适用于 200 km/h 的线路。

2.2.1　CTCS－2 级列控系统的组成及功能

1. 系统组成

CTCS－2 级列控系统由地面设备和车载设备构成。

CTCS－2 级列控系统结构示意图如图 2－7 所示。

（1）地面设备主要由车站列控中心、ZPW2000 系列轨道电路、轨旁电子单元 LEU 和有源应答器、区间无源应答器等组成。

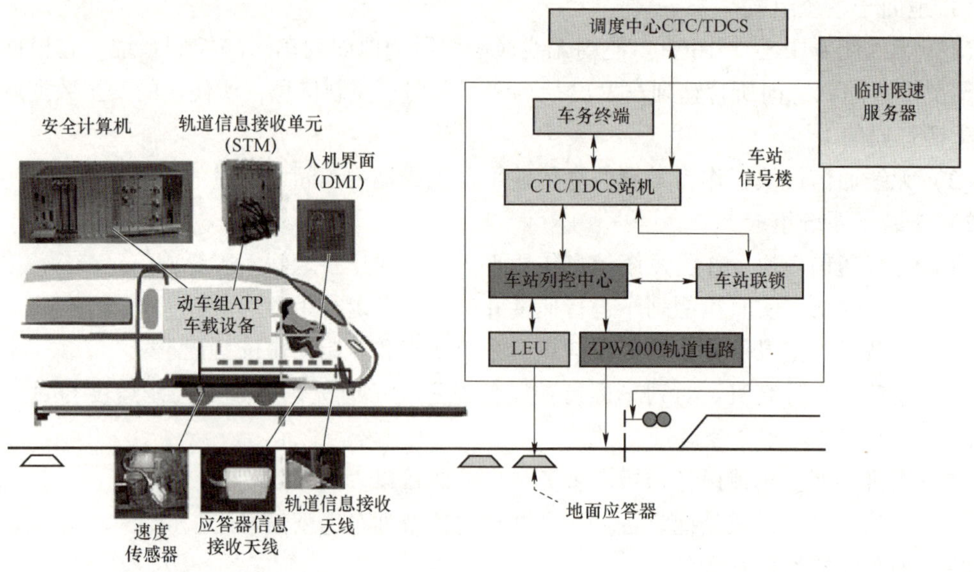

图 2－7 CTCS－2 级列控系统结构示意图

（2）车载设备的主体为列车超速防护系统（ATP）。

CTCS－2 级列控系统中的轨道电路实现列车占用检查及完整性检查，并连续向车载设备传送空闲闭塞分区数量等信息。应答器向车载设备传输定位信息、线路参数、进路参数、临时限速和停车等信息。列控中心具有轨道电路编码、应答器报文储存和调用、区间信号机点灯控制、站间安全信息（区间轨道电路状态、中继站临时限速信息、区间闭塞和方向条件等信息）传输等功能，其根据轨道电路、进路状态及临时限速等信息产生行车许可，通过轨道电路及应答器将行车许可传给车载设备。

车载设备根据地面设备提供的信号动态信息、线路参数信息、临时限速信息和机车参数信息，按照“目标－距离”模式生成控制速度，监控列车安全运行。

2. 系统功能

1）测速、测距

（1）速度传感器：系统采用 AG43 型速度传感器进行速度和距离的测量。

（2）防滑防空转：系统采用速度传感器检测列车速度，检测到加速度或速度时，如判断出现空转或滑行现象，进行校正处理，列车速度回到合理范围时，结束校正。

（3）轮径补偿：系统可通过主机的开关进行轮径补偿系数的设定。

（4）距离测量：系统根据速度传感器的脉冲和轮径补偿系数计算实际运行距离。

（5）距离校正：系统根据轨道电路载频变化和来自地面应答器的信息进行距离校正。

2）数据记录

（1）详细数据记录。

为了能在事故发生时进行原因分析，系统可采用连续记录的方式对信息进行记录，最少可以连续记录 24 h。CTCS－2 级列控系统车载数据记录的内容见表 2－1。

表2-1 CTCS-2级列控系统车载数据记录的内容

序号	大分类	小分类	字节数
1	轨道电路信息	信号状态	1
2		显示	3
3		载波	1
4	应答器信息	应答器接收内容	最大117
5	控制信息	常用制动模式速度	2
6		紧急制动模式速度	2
7		实际速度	2
8		累积距离	4
9		位置（区段内距离）	2
10		剩余区段数	1
11		制动指令	1
12	整体	办理开关位置	2
13		故障信息	2
14		时间	8

数据记录的周期为300 ms，对于应答器信息，只有在通过地面应答器时才进行记录。所有存储空间存储满后，新数据将覆盖旧数据。

（2）一般设备状态记录。

记录ATP装置的主要状态，并保证记录时间达到30日以上。

3）机控优先和人控优先

ATP车载设备具有两种模式。根据用户的要求，允许通过列控车载设备（机柜内跳线）选择其中一种模式。

机控优先带来了高安全性和高运行效率，实现了运输的均一化，缩短了行车时间，提高了乘车舒适度，具有高度的安全性，充分考虑了人机界面等相关问题。

（1）运输的均一化。

在高速、高密度的列车运行环境中，各种列车的运行质量均成为非常重要的因素。一辆列车的晚点会对后续列车造成影响。制动操作是一种水平差异很大的操作。人控优先模式主要依靠司机技术，若某一司机开车效率低，就会对整个线路产生影响。机控优先能带来运输的均一化。

（2）缩短了行车的时间。

机控优先是在保证安全的范围内激发列车最大限度性能的模式，在此模式下，机械装置自动输出制动，对列车进行控制，其轨迹为走行时间最少的运行曲线。

（3）良好乘车舒适度的控制。

机控优先方式，在制动时考虑了乘客的舒适性，分阶段加强制动力。

通常制动装置具备制动力延缓功能。除此之外，ATP本身附加分阶段控制制动力的功能，以便提高舒适性。

（4）高度的安全性。

如果因常规制动命令没有传达给车辆而未产生制动，列车就有可能在车速超过制动曲线规定的速度时还在继续运行，发生这样的现象是很危险的，在超出此制动曲线后，如果车速超出紧急制动曲线规定的速度就实施紧急制动。紧急制动系统符合“故障—安全”原则，因此机控优先模式具有充分的可靠性。

4）应答器信息接收与处理

设备通过应答器信息接收天线和应答器信息接收单元（BTM）从地面应答器获取地面信息，使列控车载设备能够：

（1）获取前方线路信息；

（2）确定列车位置；

（3）确定列车的运行方向；

（4）获得进路信息；

（5）获得临时限速信息。

5）轨道电路信息解析

列控设备根据《机车信号信息分配及定义》解析轨道电路的信息，并结合来自应答器的地面信息形成控车信息。

6）与机车乘务员进行信息交互

通过 DMI 设备，可以接受机车乘务员的信息输入，部分不安全信息也可通过运行监控记录装置显示，并向机车乘务员提供以下信息：

（1）列车实际速度；

（2）目标速度；

（3）限制速度；

（4）目标距离；

（5）机车信号；

（6）车载设备工作模式；

（7）各种文本信息；

（8）设备制动状态；

（9）人控/机控优先情况；

（10）最不利限制速度曲线（MRSP）。

7）防护功能

（1）目标距离控制曲线。

根据来自 STM（轨道信息接收单元）的轨道电路信息、线路描述数据及列车的特性，ATP 车载设备生成一次制动的连续控制曲线。

（2）超速运行防护。

设备的超速运行防护功能监控列车允许的速度，列车允许的速度包括以下方面。

①机车构造速度。

②线路允许速度。

③进路允许速度。

④临时限速和紧急限速。

⑤其他：

a）如果列车速度同允许速度之间的差距超过报警门限，设备提供相应报警信息；

b）如果列车速度同允许速度之间的差距超过常用制动门限（分三级），设备会产生常用制动；

c）如果列车速度同允许速度之间的差距超过紧急制动门限，设备会产生紧急制动。

8）防溜逸功能

列控设备在列车停车的状态下，会对列车的不恰当移动进行防护。当列车停车后，ATP 设备将输出制动，防止列车溜逸。

9）CTCS 级间切换

（1）与 LKJ 之间控制权的切换。

ATP 车载设备在地面应答器的配合下，可以在区间完成与 LKJ 的自动切换，控车权的交接以 ATP 车载设备为主；级间转换时若已触发制动，则应保持制动作用完成，停车或发出制动缓解指令后，自动切换。

（2）机车信号功能。

地面设备配置不具备 CTCS－2 级条件时，设备可以根据现有条件，具备主体机车信号或通用机车信号功能，并向列车运行监控记录装置输出机车信号信息。

2.2.2 地面设备

CTCS－2 级列控系统地面设备由 ZPW－2000 系列（含 UM 系列）轨道电路、应答器、地面电子单元（LEU）、列控中心组成。

1. ZPW－2000 系列轨道电路

作用：轨道电路占用检查；连续传输列控信息。

列控信息包括：行车许可、空闲闭塞分区数量、道岔限速等。

轨道电路码序在原四显示自动闭塞基础上增加 L2、L3、L4、L5 码，CTCS－2 级列控系统轨道电路信号显示名称及意义对照表如表 2－2 所示。

表 2－2 CTCS－2 级列控系统轨道电路信号显示名称及意义对照表

轨道空闲	7	6	5	4	3	2	1	0
信号显示	L	L	L	L	L	LU	U	HU
信息名称	L5 码	L4 码	L3 码	L2 码	L 码	LU 码	U 码	HU 码

2. 应答器

应答器能向列车提供以下信息：

（1）线路长度（以闭塞分区为单位提供）；

（2）线路坡度；

（3）线路固定限速；

（4）临时限速；

（5）级间切换；

(6) 列车定位等信息。

应答器设置的相关规定如下。

①进站信号机处设置有源应答器，提供接车进路参数及临时限速信息。接车进路建立后，进站应答器发送相应的接车进路信息。能够进行直股发车进路的股道，应提供直股发车进路、前方一定距离内的线路参数和临时限速信息。

②车站出站口处设置无源应答器和有源应答器。无源应答器提供前方一定距离内的线路参数；有源应答器提供前方一定距离内的临时限速。出站信号机处（含股道）原则上不设置应答器。ATP 车载设备通过成对的应答器识别运行方向。

③区间间隔 3 ~ 5 km 设置无源应答器，提供正向运行前方一定距离内的线路参数及定位信息，无源应答器原则上设置在闭塞分区分界处。除进出站口外，区间可不设置专用于反向运行的应答器。

④根据需要可设置特殊用途的无源应答器，如要进行 CTCS 级间转换，应分别设置具有预告、执行功能的固定信息应答器。

⑤应答器的正线线路参数应交叉覆盖，实现信息冗余。

3. 地面电子单元（LEU）

LEU 经过 1 个冗余的、安全的串行链路（接口 S）接收列控中心发送的编码，并独立地驱动有源应答器，向其实时发送进路股道、临时限速信息报文。

4. 列控中心

列控中心是 CTCS－2 列控系统的地面设备之一，列控中心分别与车站信号联锁、CTC 或 TDCS、计算机监测、地面电子单元（LEU）等设备进行信息交换，获得行车命令、列车进路、列车运行状况和设备状态信息，通过安全逻辑运算，产生控车命令，通过有源应答器及轨道电路传送给列车，实现对运行列车的控制。

1）列控中心的主要功能

(1) 列控中心根据临时限速命令、车站进路状态，调用相应报文，通过 LEU 传至有源应答器。

(2) 列控中心根据列车占用轨道区段及车站进路状态，控制轨道电路的载频、低频信息编码，并控制站内及区间轨道电路发送方向。

(3) 列控中心根据列车在区间的走行逻辑，对轨道电路占用、出清、非正常逻辑进行判断和报警，并采取必要的防护措施。

(4) 列控中心完成区间信号机点灯控制。

(5) 列控中心完成无岔站信号及进路控制。

(6) 列控中心完成区间运行方向与闭塞控制。

(7) 列控中心间实时传输区间轨道电路状态、临时限速信息、区间闭塞和方向条件等安全信息及相关状态信息。

2）列控中心系统组成

列控中心设置于车站信号楼。列控中心适用于装备计算机联锁 CTC 的车站、区间中继站和控制无岔站的中继站（列控中心也可使用在与 CTCS－2 级线路相衔接的 CTCS－0 级的 TDCS 站）。

CTCS－2 级列控中心系统组成框图如图 2－8 所示。

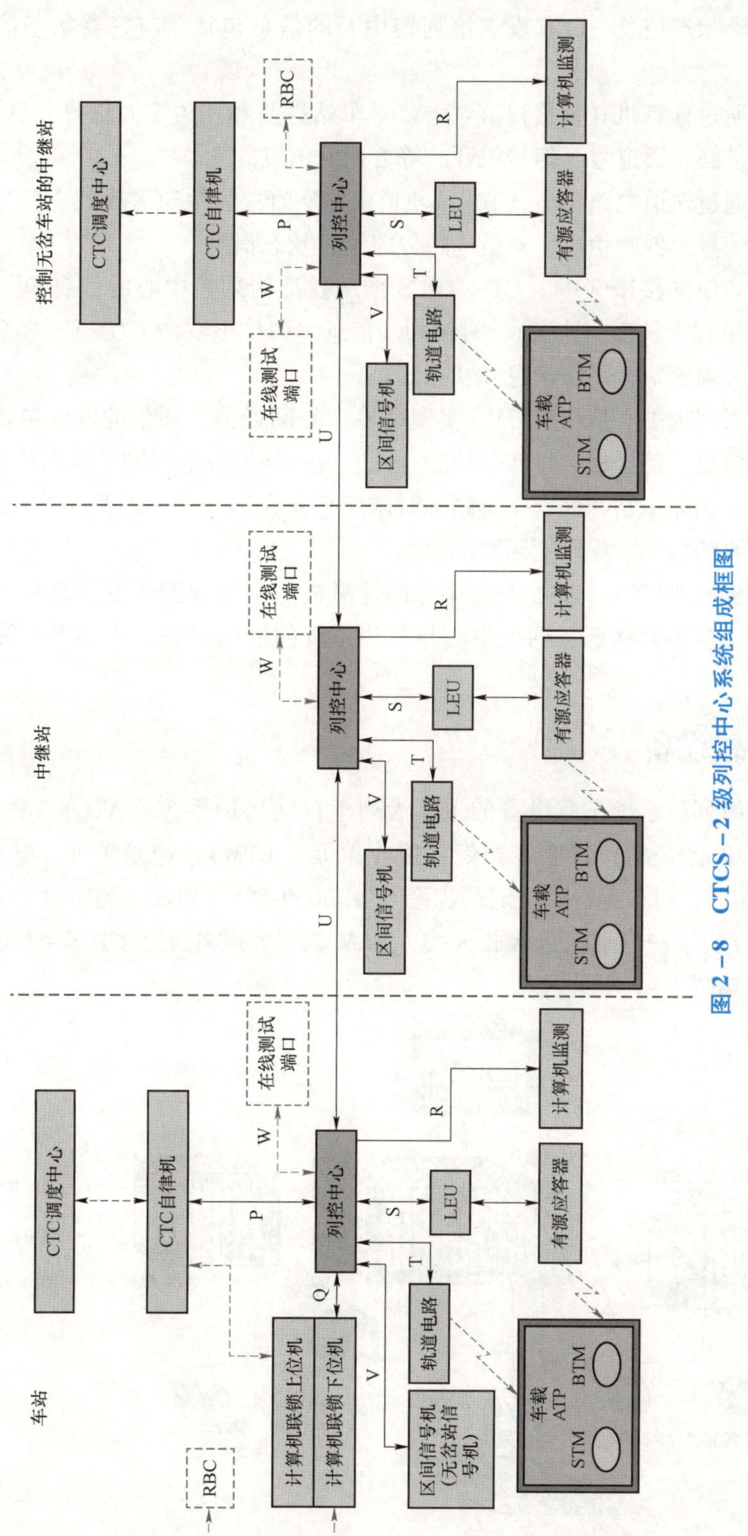

图2-8　CTCS-2级列控中心系统组成框图

列控中心通过LEU接口（S）发送给LEU的信息包括：车站列车进路报文，线路临时限速报文，请求状态信息。LEU发送给列控中心的信息包括：应答器状态信息，LEU状态信息。

列控中心通过计算机联锁接口（Q）获得车站进路和相关实时信息，具体包括：进站、出站、通过、进路、股道号、信号机开放等方面的信息。

列控中心通过轨道电路接口（T）从轨道电路实时接收轨道区段状态信息并实时向轨道电路发送载频信息、低频信息、轨道电路分路不良状态信息。

通过CTC/TDCS接口（P），CTC/TDCS系统发送给列控中心的信息包括：线路临时限速命令（起点里程、长度、速度），时钟同步信息。列控中心向CTC/TDCS系统发送的信息包括：线路临时限速执行结果信息和状态信息。

通过与相邻列控中心接口（U），实现列控中心间通信，通信的内容包括：区间中继站轨道电路状态信息、信号机点灯状态信息、区间方向切换继电器同步状态信息、区间闭塞和方向条件信息、相邻车站和区间中继站临时限速信息、区间中继站列控中心运行状态信息、车站联锁所需要的信息、编码所需要的信息。

通过计算机监测接口（R），列控中心向计算机监测系统发送的信息包括：列控中心状态、LEU状态、应答器状态、列控中心与其他系统的通信状态、应答器报文特征码等方面的信息。

2.2.3 车载设备

CTCS－2级列控系统车载设备的主体为列车自动防护系统（ATP），其由安全计算机，轨道信息接收单元（STM），应答器信息接收单元（BTM），记录单元，继电器逻辑单元，人机界面（DMI），列车运行监控记录装置（LKJ2000型），测速、测距单元，轨道信息接收天线（STM天线）、应答器信息接收天线（BEM天线）等组成，CTCS－2级列控系统车载设备系统组成如图2－9所示。

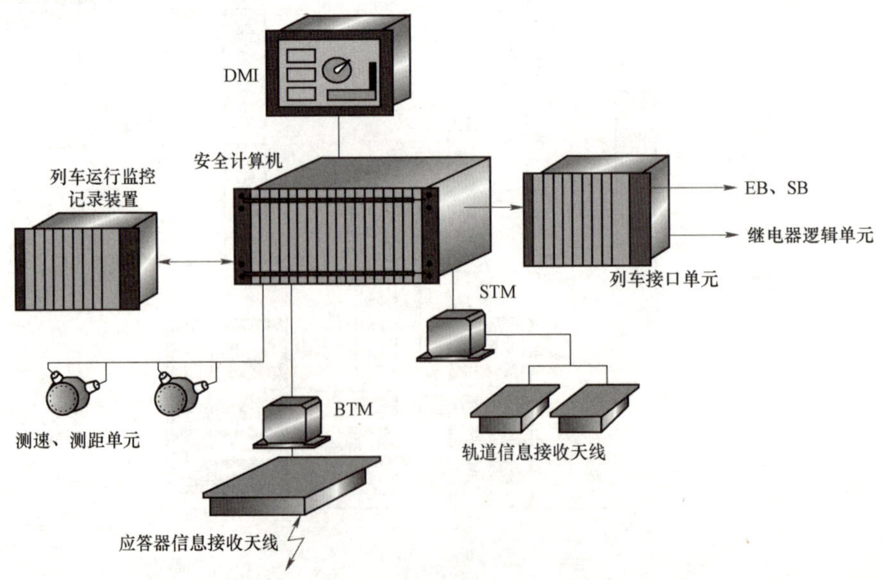

图2－9　CTCS－2级列控系统车载设备系统组成

动车组的两端各安装一套独立的 ATP 车载设备，总体结构采用硬件冗余结构，关键设备均采用双套设置，核心设备采用“3 取 2”或者“2 ×2 取 2”结构，力求达到高安全性。CTCS - 2 级列控系统车载设备主体装置如图 2 - 10 所示。

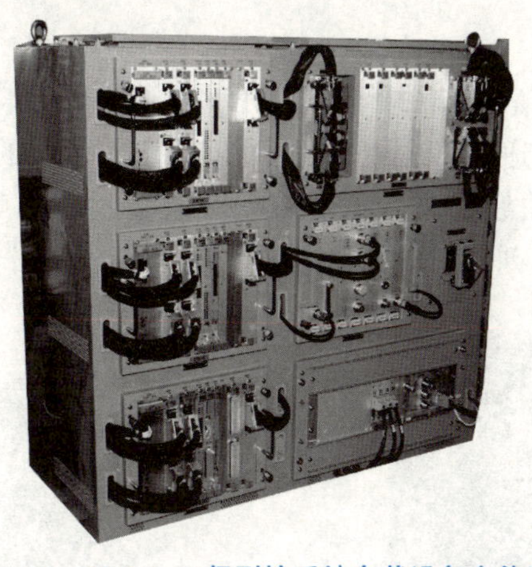

图 2 - 10　CTCS - 2 级列控系统车载设备主体装置

1. 主要功能

（1）列控数据采集，静态列车速度曲线的计算，动态列车速度曲线的计算，缓解速度的计算，列车定位、速度的计算。

（2）监控运行权限和限速。在任何情况下防止列车无行车许可运行，防止列车超速运行，防止列车溜逸。

（3）列车超速时，车载设备可采取声光报警、切除牵引力、动力制动、空气常用制动、紧急制动等防护措施。

（4）车载设备发生故障时，系统能及时报警以提醒机车乘务员并能对故障设备进行必要的隔离。

（5）监控司机行为。

（6）反方向运行防护。

2. 安全计算机

安全计算机如图 2 - 11 所示，其是车载设备的核心部分，负责从 ATP 各个模块获取信息，依据轨道电路、列车制动力、线路坡度、列车运行速度和列车编组等信息，按照列车牵引计算模型的要求，生成制动模式曲线，并将列车运行速度与模式曲线进行比较，必要时通过故障安全电路向列车输出制动信息，控制列车安全运行。

图 2 - 11　安全计算机

安全计算机由功能完全相同的2个系统构成。各个系统包含两个功能相同的CPU，各个系统的一个CPU的处理结果与另一个CPU的处理结果校准。如果两个CPU的处理结果不一致，则会作为故障处理，以保证列车控制的安全性和设备的冗余性。

3. 轨道信息接收单元

轨道信息接收单元（STM）如图2-12所示，其通过轨道信息接收天线（见图2-13），接收轨道电路信号，解调轨道电路上传的信号信息，并将解调的信息传递给安全计算机，为安全计算机生成制动模式曲线提供依据。STM可以接收最多16种载频，包括国产移频、UM71系列及ZPW-2000系列轨道电路信息等。

图2-12 轨道信息接收单元（STM）

图2-13 轨道信息接收天线

为提高系统的可靠性和安全性，STM采用“2×2取2”结构，即STM由功能完全相同的两个系统组成，每个STM系统与一个安全计算机配合，组成一套控制系统。两个STM系统完全独立工作。

4. 应答器信息接收单元

应答器信息接收单元（BTM）如图2-14所示，其通过应答器信息接收天线（见图2-15），接收来自地面应答器线路的数据，经校核后，将正确的信息传输至安全计算机，为安全计算机生成制动模式曲线提供依据。来自应答器的数据包括线路参数信息、进路信息、临时限速信息，以及级间切换信息等。

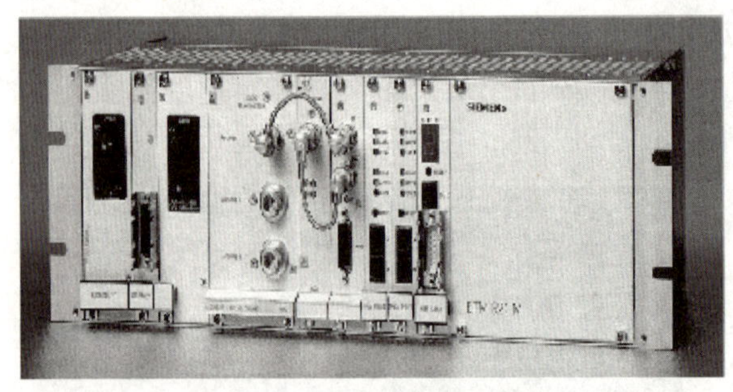

图2-14 应答器信息接收单元（BTM）

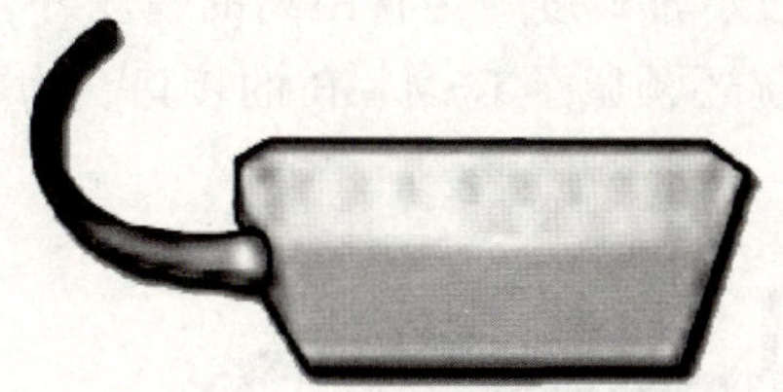

图2-15　应答器信息接收天线

5. 记录单元

记录单元通过记录ATP装置的动作、状态、司机的操作等信息，将行车及系统自身运行状况的关键数据记录到PCMCIA卡上，并可通过读卡器将数据下载至地面分析管理计算机，进行设备运行状况分析。

6. 继电器逻辑单元

继电器逻辑单元（RLU）主要由继电器组成，实现输入与输出接口功能，继电器逻辑单元核对安全计算机各系统输出的制动指令，对两套安全计算机输出的制动指令进行“或”操作后，作为系统的最终输出。

当双系统制动指令输出不相同时，选择输出更大制动力的指令进行输出。双系统中单系统故障时，该系统的常用、紧急输出短路，制动接口单元不再核对双系统的输出。此时，正常系统的制动指令输出将作为系统的最终输出，双系统均故障时，则认为系统故障，最终输出紧急制动。

7. 人机界面

CTCS-2级列控系统的人机界面（DMI）由下列部分组成：显示屏（输出显示）、按键（供司机向车载设备输入数据/命令）、音响发生器（用于提供声音信息）。

DMI提供车载设备与司机之间的接口，该接口通过声音、图像等方式将ATP车载装置的状态通知司机。司机可以通过DMI上的按键来切换ATP的运行模式或是输入必要的信息。

8. 列车运行监控记录装置（LKJ 2000型）

时速200 km以上动车组的车载列控系统，同时装备ATP车载设备和列车运行监控记录装置（LKJ 2000型）。在CTCS-2级区段，由ATP车载设备控车。在CTCS-0、CTCS-1级区段或在CTCS-2级区段ATP车载设备故障情况下，列车运行监控记录装置结合ATP车载设备提供的机车信号或主体机车信号，控制列车运行，最高速度不超过160 km/h。

列车运行监控记录装置通过ATP车载设备接收或记录有关列控状态数据（含进路参数、列车位置等数据）及其对应的操作状态信息。

9. 测速、测距单元

测速、测距单元由速度传感器（见图2-16）、测量通道，以及测速、测距板构成，其为双机冗余结构。正常工作情况下，双机同时从速度传感器采集信号并进行处理。该模块除了进行正常的列车速度、加速度、走行距离的检测外，还具有防滑和防空转功能。除以上主要模块外，车载系统还预留了 GSM－R 的接口，为将来向 CTCS－3 级扩展提供了条件。

图 2－16 速度传感器

2.2.4 ATP 车载设备的工作模式

ATP 车载设备具备设备制动优先（机控优先）与司机制动优先（人控优先）两种控制模式，须通过 ATP 车载设备的内部设置选择其中一种。

机控优先的方式在列车速度高于目标速度后立即进行制动控制，当列车速度低于目标速度后自动缓解。其优点是能最大限度地减轻司机负担，有利于缩短列车追踪间隔。这种控制方式对设备本身的自动化程度及列车的制动缓解性能要求较高。

人控优先的方式只有在列车速度超过安全运行所允许的速度，设备才进行惩罚性地强迫制动。列车正常运行时设备不干预司机操作，人控优先的系统有助于加强司机的责任感，发挥其驾驶技巧。

ATP 车载设备有以下几种具体的工作模式。

1）待机模式

待机模式即 SB 模式。

在待机模式下 ATP 车载设备的接收轨道电路信息、接收应答器信息等功能有效，但不进行速度比较等控制，同时，无条件地输出制动。

2）完全监控模式

完全监控模式即 FS 模式。

FS 模式是 CTCS－2 中最普通的模式，当车载设备具备控车所需的基本数据（轨道电路信息、应答器信息、列车数据）时，ATP 车载设备转入本模式。在本模式下，列车判断自身位置和停车位置后，产生一次制动速度模式曲线并能通过 DMI 显示列车运行速度、允许速度、目标速度和目标距离等信息，控制列车安全运行。

3）部分监控模式

部分监控模式即 PS 模式。

PS 模式是侧线发车得不到应答器线路数据，缺省线路数据时的模式。若 ATP 车载设备接收到轨道电路允许行车信息，但线路数据缺损时，ATP 车载设备产生固定限制速度，控制列车运行。

4）反向运行模式

反向运行模式即 RO 模式。

RO 模式是上行列车运行在下行线或下行列车运行在上行线且线路数据完整时，ATP 车载设备的工作模式。

5）引导模式

引导模式即 CO 模式。

在引导运行中 ATP 车载设备从轨道电路接收 HB 码后在轨道电路出口处形成 NBP 为 25 km/h的模式曲线，越过进站信号机后，自动转入 CO 模式。

6）应答器故障模式

应答器故障模式即 BF 模式。

在站间由于不能正常检测出应答器等原因，导致无前方线路数据的模式称为应答器故障模式。当 ATP 车载设备在完全监控模式下正常运行时，一旦不能正确接收来自应答器的线路数据，从没有前方线路数据的点开始，ATP 车载设备输出制动，司机确认后，ATP 车载设备转入应答器故障模式。

7）目视行车模式

目视行车模式即 OS 模式。

当 ATP 车载设备接收到禁止信号或无信号时，列车停车后，根据相关行车管理规定（含调度命令），司机经特殊操作（如按压专用按键），ATP 车载设备生成固定限制速度（20 km/h），列车在 ATP 车载设备监控下运行。

8）调车监控模式

调车监控模式即 SH 模式。

车列进行调车作业时，司机经特殊操作（如按压专用按键）后，转为调车模式，ATP 车载设备生成调车限制速度，控制车列运行。牵引运行时，限制速度为 40 km/h；推进运行时，限制速度为 30 km/h。

9）隔离模式

隔离模式即 IS 模式。

ATP 车载设备故障，触发制动停车后，司机根据故障提示经特殊操作，ATP 车载设备控制功能停用，并进入隔离模式，在该模式下司机按调度命令行车。若仅 BTM 失效，ATP 车载设备提供机车信号，可人工转换为由列车运行监控记录装置控制列车。

10）机车信号模式

机车信号模式即 CS 模式。

CS 模式是一种运行在 CTCS－2 级以外区段的模式，有时虽然运行在 CTCS－2 级区段，但当某些 ATP 车载设备的装置故障时，由列车运行监控记录装置进行控制，在这种情况下采用 CS 模式，ATP 车载设备不会输出制动。

在 CTCS－2 级区段各种工作模式之间的转换如表 2－3 所示。

表 2－3　在 CTCS－2 级区段各种工作模式之间的转换

模式	SB 模式	FS 模式	PS 模式	RO 模式	CO 模式	BF 模式	OS 模式	SH 模式	IS 模式
SB 模式	—	—	启动 SW	—	—	—	—	停车，按压【调车】键	隔离开关转向隔离位
FS 模式	—	—	侧线发车时或侧线进站时进站应答器丢失	反向区间运行	收到 HB 码后，NBP 速度在 25 km/h 以下且无信号	NBP 速度在 120 km/h 以下且闭塞信息不足	禁止信号停车，按压【目视】键	停车，按压【调车】键	隔离开关转向隔离位
PS 模式	—	通过应答器确认位置时	—	反向区间运行	收到 HB 码后，NBP 速度在 25 km/h 以下且无信号	—	禁止信号停车，按压【目视】键	停车，按压【调车】键	隔离开关转向隔离位
RO 模式	—	反向区间结束	—	—	收到 HB 码后，NBP 速度在 25 km/h 以下且无信号	—	禁止信号停车，按压【目视】键	停车，按压【调车】键	隔离开关转向隔离位
CO 模式	—	—	接收到前进信号	—	—	—	禁止信号停车，按压【目视】键	停车，按压【调车】键	隔离开关转向隔离位
BF 模式	—	通过应答器确认位置时	—	—	收到 HB 码后，NBP 速度在 25 km/h 以下且无信号	—	禁止信号停车，按压【目视】键	停车，按压【调车】键	隔离开关转向隔离位
OS 模式	—	通过应答器确认位置时	接收到前进信号但位置未确定	—	—	—	—	停车，按压【调车】键	隔离开关转向隔离位
SH 模式	按压【调车】键	—	—	—	—	—	—	—	隔离开关转向隔离位
IS 模式	隔离开关转向正常位	—	—	—	—	—	—	—	—

2.3　CTCS-3级列控系统

2.3.1　CTCS-3级列控系统的结构及功能

1. CTCS-3级列控系统的结构

CTCS-3级列控系统是基于GSM-R无线通信平台实现车地信息双向传输，无线闭塞中心（RBC）生成行车许可，轨道电路实现列车占用检查，应答器实现列车定位，同时具备CTCS-2级功能的列车运行控制系统。CTCS-3级列控系统的结构如图2-17所示。

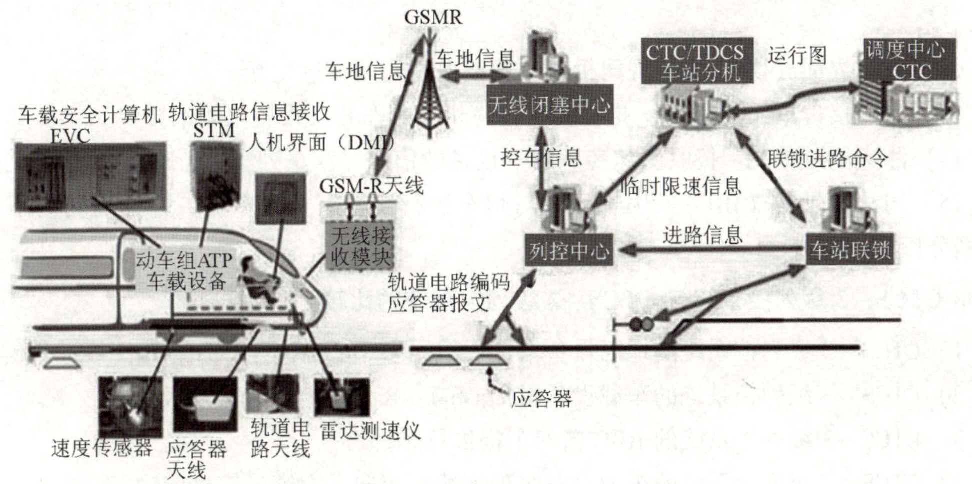

图2-17　CTCS-3级列控系统的结构

CTCS-3级列控系统分地面设备和车载设备两个部分。

地面设备包括：无线闭塞中心（RBC）、GSM-R网络、轨道电路、轨旁电子单元（LEU）、应答器、列控中心（TCC）、临时限速服务器。

车载设备包括：安全计算机（VC）；轨道电路信息接收单元；应答器传输模块（BTM）及应答器天线；无线传输模块（RTM）；人机界面（DMI）；列车接口单元（TIU）；测速测距单元；司法记录器（JRU）。

2. CTCS-3级列控系统各部分的功能

（1）无线闭塞中心（RBC）：根据轨道电路、联锁进路等信息生成行车许可；通过GSM-R无线通信系统将行车许可、线路参数、临时限速传输给CTCS-3级车载设备；通过GSM-R无线通信系统接受车载设备发送的位置和列车数据等信息。

（2）GSM-R网络：用于实现车载设备与地面设备之间连续、双向、大容量信息传输。

（3）轨道电路：实现列车占用检查；发送闭塞分区空闲信息，满足后备系统的需要。

（4）轨旁电子单元（LEU）是根据地面设备提供的信息来生成应答器所要传输报文的

电子设备。

（5）应答器：向车载设备传输定位和等级转换信息；向车载设备传送线路参数和临时限速等信息，满足后备系统的需要。

（6）列控中心（TCC）：实现轨道电路编码功能，并向 RBC 传送列车占用信息；能通过 LEU 及有源应答器向 CTCS－3 级列控系统的后备系统（CTCS－2 级列控系统）传送临时限速信息和进路信息。

（7）临时限速服务器：集中管理临时限速命令；分别向 RBC、TCC 传递临时限速信息。

（8）安全计算机（VC）：根据与地面设备交换的信息来监控列车安全运行。

（9）轨道电路信息接收单元：接收轨道电路的信息。

（10）应答器传输模块（BTM）：通过与应答器天线连接，接收地面应答器的信息。

（11）无线传输模块（RTM）：通过与 GSM－R 车载电台连接，实现车－地双向信息传输。

（12）人机界面（DMI）：实现司机与车载设备之间的信息交互。

（13）列车接口单元（TIU）：提供安全计算机与列车相关设备之间的接口。

（14）测速测距单元：接收测速传感器等设备的信号，测量列车运行速度和运行距离。

（15）司法记录器（JRU）：用于记录与列车运行安全有关的数据，并在需要时下载进行数据分析。

3. CTCS－3 级列控系统与 CTCS－2 级列控系统的比较

（1）CTCS－3 级列控系统的地面设备增加无线闭塞中心 RBC、GSM－R 无线通信网络。

（2）CTCS－3 级列控系统的车载设备增加 GSM－R 无线通信单元及天线。

（3）CTCS－3 级列控系统的 RBC 向列车提供行车许可。

（4）CTCS－3 级列控系统的车地设备实现连续、双向、大容量信息传输。

2.3.2 CTCS－3 级列控系统的工作原理与特点

1. 工作原理

在 CTCS－3 级列控系统中，无线通信系统（GSM－R）完成车地双向通信获得其管辖区域内的列车运行情况从而得到轨道占用情况，并结合运行时刻表、线路数据等信息生成列车的移动授权，再由无线通信网络告知列车。列车通过移动授权得到目标速度、目标距离、线路数据，结合自身制动性能产生一次制动曲线，监控列车运行。

2. 特点

CTCS－3 级列控系统的主要特点如下。

（1）基于 GSM－R 实现大容量的连续信息传输，可以提供最远 32 km 的目标距离、线路允许速度等信息。

（2）CTCS－3 级列控系统满足跨线运行的运营要求。

（3）CTCS－3 级列控系统通过在应答器里集成 CCS－T2 报文，满足 200 ~ 250 km/h 运行需要，CTCS－2 级列控系统同时作为 CTCS－3 级列控系统的后备系统。

(4) 车地双向信息传输，地面可以实时掌握列车速度、位置和工作状态等信息，并可在CTC系统上实时显示。

(5) 临时限速的灵活设置。可以实现任意地点、长度和数量的临时限速设置。

(6) RBC可集中设置，也可以分散设置。

(7) RBC向装备CTCS-3级列控系统车载设备的列车、应答器向装备CTCS-2级列控系统车载设备的列车分别发送分相区信息，实现自动过分相。

【知识扩展】

CTCS-4级列控系统

CTCS-4级是完全基于无线通信（如GSM-R）的列车运行控制系统。由地面无线闭塞中心（RBC）和车载设备完成列车占用检测及完整性检查，点式信息设备提供列车用于测距修正的定位基准信息。

CTCS-4级列控系统采取目标距离控制模式，列车按移动闭塞或虚拟闭塞方式运行。

虚拟闭塞是准移动闭塞的一种特殊方式，它不设轨道占用检查设备，采取无线定位方式来实现列车定位和占用轨道的检查功能，闭塞分区是以计算机技术虚拟设定的。

移动闭塞的追踪目标点是前行列车的尾部，留有一定的安全距离，后行列车从最高速开始制动的计算点是根据目标距离、目标速度及列车本身的性能计算决定的。目标点是前行列车的尾部，与前行列车的走行和速度有关，是随时变化的，而制动的起始点是随线路参数和列车本身性能的不同而变化的。空间间隔的长度是不固定的，所以称为移动闭塞。其追踪运行间隔要比准移动闭塞更小一些。

【实训】

高速铁路运行控制系统实训

【实训目标】

(1) 能够掌握列车运行控制系统的概念、CTCS-2级列控系统的相关知识。

(2) 能够掌握CTCS-3级列控系统的相关知识。

(3) 培养初步的自主学习能力。

【实训内容与要求】

第一步：由教师介绍实训的目的、方式、要求，调动学生实训的积极性。

第二步：对学生进行分组，确定各小组的组长和人员分工。

第三步：由教师介绍高速铁路运行控制系统知识并宣布讨论的问题。

第四步：各小组对教师布置的问题进行讨论，并记录小组成员的发言。

第五步：根据小组讨论记录，撰写讨论小结。

第六步：各小组相互评议，教师点评、总结。

【实训成果与检测】

成果要求：

（1）提交案例讨论记录：3~5名学生为1组，设组长1人、记录员1人，每组必须有小组讨论、工作分工的详细记录，以作为考核成绩的依据。

（2）能够在规定的时间内完成相关的讨论，撰写小结。

评价标准：

（1）上课时积极与教师配合，积极思考、发言。

（2）认真阅读案例，积极参加小组讨论，分析问题思路较宽。案例分析基本完整，能结合所学理论知识处理问题。

（3）小组成员积极参与小组活动，团队分工合作情况较好。

项目3

高速铁路列车开行方案与列车运行图

【知识目标】

- 了解日本、法国、德国的高速铁路运输组织模式；
- 掌握我国高速铁路运输组织模式。

【技能目标】

- 能够根据高速铁路旅客列车开行方案完成相关工作；
- 能够根据高速铁路列车运行图完成相关工作；
- 能够根据高速铁路动车组运用计划完成相关工作。

【学习重点及难点】

- 学习重点：我国高速铁路运输组织模式。
- 学习难点：高速铁路旅客列车开行方案、高速铁路列车运行图、高速铁路动车组运用计划。

【本章知识结构图】

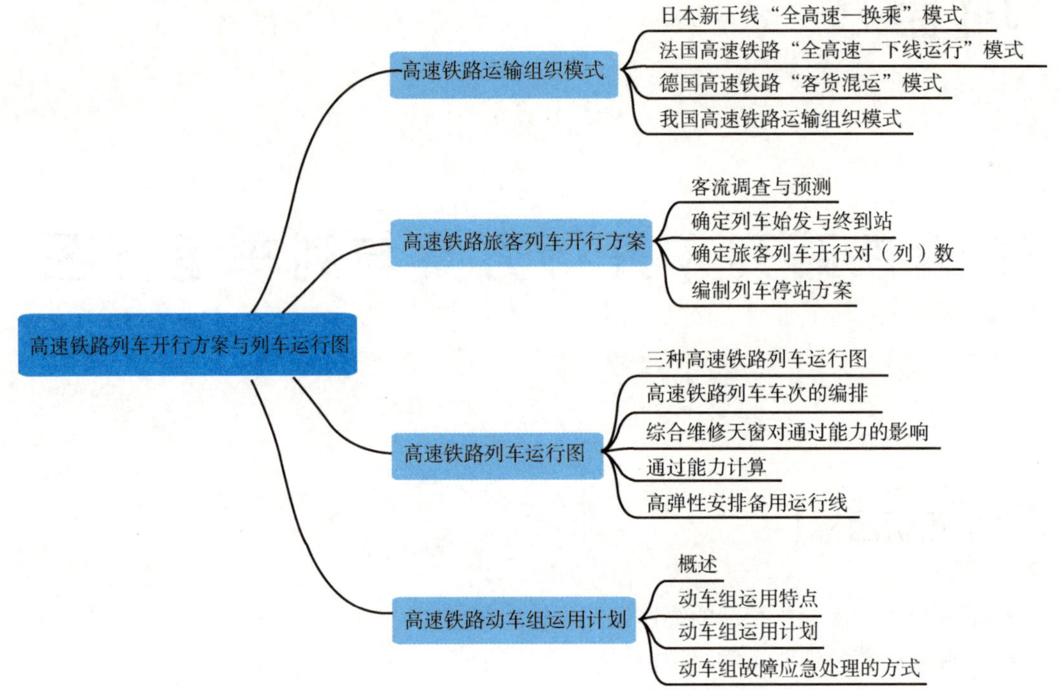

3.1 高速铁路运输组织模式

3.1.1 日本新干线“全高速—换乘”模式

日本在1964年之后新建的高速铁路线路，采用了国际标准轨，无法与既有线窄轨相连接，所以，日本新干线全部运行高速动车组列车，而且新干线上没有跨线运行的其他列车。由于日本1/3的人口集中在东京附近，所以不开行跨东京的列车，因此，跨线出行的旅客只能采取换乘方式。

“全高速—换乘”模式的主要优点是：列车运行速度高，追踪间隔时间短，运输能力大；列车无越行，行车组织简单，管理方便。其主要缺点是：无跨线运行的列车，运输能力不能充分利用；跨线客流需要换乘，延长了旅行时间，部分旅客可能选择其他交通方式。

3.1.2 法国高速铁路“全高速—下线运行”模式

法国的高速铁路以巴黎为中心向四周辐射，能通往6个方向的不同地区和城市（包括比利时、荷兰、德国、瑞士、意大利等国家的城市），并与既有线相连接。TGV列车高速线上运行一段或全段后，可以驶入既有线以160 km/h速度继续运行至终点。几乎所有TGV列车都会下线运行，这使许多没有高速铁路线路的城市也能通达高速列车。

“全高速—下线运行”模式，不仅保留了日本“全高速”的优点，而且克服了“换乘”的缺点，但是其需要较多的高速动车组车底，而且要求高速线与既有线兼容，这会增加运营成本。

【知识扩展】

TGV

TGV，全名为“train à grande vitesse”，即法国高速铁路系统。它由阿尔斯通（Alstom）及国营公司SNCF负责开发，营运由SNCF负责。TGV列车往来于法国国内城市及邻国的城市（包括比利时、荷兰、德国、瑞士、意大利等国的城市）。一些国家的铁路公司从法国购入TGV列车或技术，如荷兰、韩国、西班牙、英国及美国等。现在，TGV列车由阿尔斯通负责生产。TGV商标如图3-1所示。

图3-1　TGV商标

3.1.3　德国高速铁路“客货混运”模式

德国的高速铁路，特别强调扩大运输能力，改善运输质量，消除运输瓶颈。德国高速铁路由两部分组成，一是经改造的既有线，将列车最高运行速度提至200 km/h；二是新建高速线，多数新建高速线为客货混用，只有科隆至法兰克福的高速线才是客运专线。在“客货混运”模式下，高速线上既要运行速度250～300 km/h的ICE和C系列列车，又要运行速度80～120 km/h的货物列车，行车密度大。尽管旅客可以在路网枢纽站站台直接换乘，换乘条件很好，但是仍有大量高速列车下线至既有线运行。

意大利高速铁路主要运行速度为250～300 km/h的ETR动车组列车，速度为120～160 km/h的常速旅客列车和快运货物列车可以上高速线运行，但速度为80～120 km/h的普速货物列车不能上高速线运行。其运输组织模式基本上属于“客货混运”模式。有一部分在高速线上运行的高速列车要下线到160～200 km/h的既有线，继续运行至一些不在高速线上的城市。

瑞典和英国基本上不新建高速线，只对既有繁忙干线进行局部改造，利用摆式动车组，将旅客列车速度提高至200 km/h。其运输组织模式与德国“客货混运”模式相似。

组织不同速度客货列车共线运行的模式，适用于既有线改造而成的高速线。其主要优点是改建比新建工程投资少，线路通过能力利用率高。其主要缺点是客货列车速差大，列车越行次数多，旅行时间长，通过能力扣除多，行车组织复杂，工作难度大。

【知识扩展】

ICE

德国高速列车（ICE）是德国铁路公司的旗舰高速列车，通达德国各地。ICE 的运行速度很快，乘坐也十分舒适。ICE 通达德国境内多数大城市，包括汉堡、慕尼黑、柏林、法兰克福、斯图加特、科隆、杜塞尔多夫等城市。其时速最高可达 300 km。搭乘高速列车在德国旅行是一种乐趣。部分列车还通达瑞士的苏黎世和因特拉肯、奥地利的维也纳和荷兰的阿姆斯特丹。德国高速列车如图 3－2 所示。

图 3－2　德国高速列车

3.1.4　我国高速铁路运输组织模式

目前，我国已建成并投入运营的高速铁路里程数堪称世界第一。这些高速线路，按速度等级和运输组织模式不同，可划分为 4 种类型：一是 300 km/h 及以上客运专线，不同速度的高速动车组列车共线运行；二是 200～250 km/h 客运专线，高速动车组列车与普速旅客列车共线运行；三是 200～250 km/h 客货共线（混跑），高速动车组列车、普速旅客列车与货物列车共线运行；四是城际动车组专线，大部分城际高速线路仅运行速度相同的城际动车组列车。

由此可见，我国新建不同速度等级的高速铁路，运输组织模式虽然有所不同，但是前 3 种都属于“不同速度列车共线运行”模式。这 4 种运输组织模式各有特点，现分别介绍如下。

1. 300 km/h 及以上客运专线

300 km/h 及以上客运专线采用 300 km/h “G” 字头与 200～250 km/h “D” 字头动车组列车共线运行模式。如京沪、京广高速铁路，既开行 “G” 字头列车，也开行 “D” 字头列车。

“G” 字头与 “D” 字头列车共线运行，既保留了较高的列车运行速度和较小的列车追踪间隔时间，基本上不会发生列车越行；又可充分利用区段通过能力，增加高速铁路列车直达率，跨线客流无须换乘，从而缩短了旅行时间。例如，为增加高速列车直达率，避免旅客换乘，缩短旅行时间，在京广线上运行的部分“G”字头列车，运行至衡阳时，下线到 160 ~ 200 km/h 的线路上运行至桂林，再以 250 km/h 的速度运行至南宁等城市。

【知识扩展】

京沪高速铁路

京沪高速铁路简称京沪高铁，又名京沪客运专线，是一条连接北京市与上海市的高速铁路，是 2016 年修订的《中长期铁路网规划》中“八纵八横”高速铁路主通道之一。

京沪高速铁路于 2008 年 4 月 18 日正式开工；2011 年 6 月 30 日，全线正式通车。京沪高速铁路线路示意图如图 3 – 3 所示。

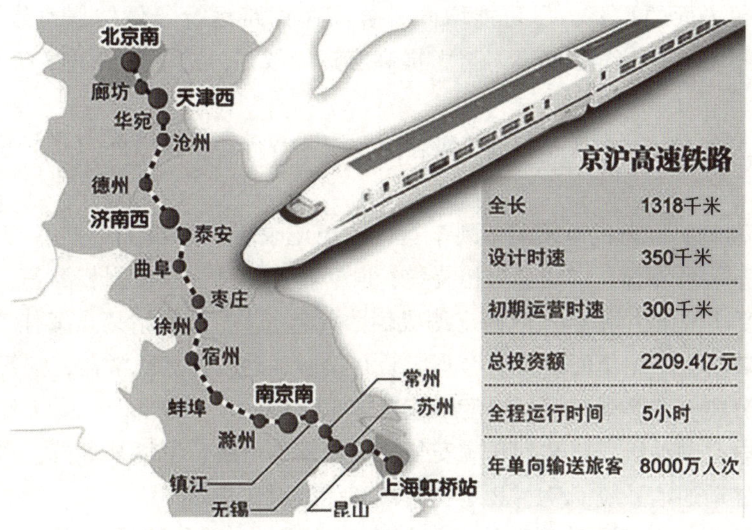

图 3 – 3　京沪高速铁路线路示意图

2. 200 ~ 250 km/h 客运专线

200 ~ 250 km/h 客运专线采用“D”字头列车与普速旅客列车共线运行的模式。

3. 200 ~ 250km/h 客货共线

石太线，为减轻既有石太旧线运煤通道能力紧张的压力，在保证“D”字头列车和“Z”“T”“K”字头旅客列车开行对数的情况下，开行“X”字头和“五定”快运货物班列。温福、福厦线，为了缩短浙、闽、粤三省沿海城市客货运输里程，在保证动车组开行 90 对的情况下，还开行普速客货列车 10 对。

200 ~ 250 km/h 客运专线和 200 ~ 250 km/h 客货共线的主要优点是：能提高线路通过能力，减轻既有线运能压力。其主要缺点是速差较大，列车越行较多，行车组织工作难度大，能力扣除系数大。

4. 城际动车组专线

如京津，沪杭城际铁路，只运行 300 km/h 动车组列车；广深、广珠城际铁路仅运行 250 km/h 动车组列车；沪宁城际铁路，本线运行 300 km/h 动车组列车 95 对，跨线运行 250 km/h 动车组列车 25 对。

以上 4 种运输组织模式均处于试行阶段。各铁路局正大胆实验，进行科学创新，总结经验，不断进行完善。目前对各种运输组织模式存在不同的看法和评价，300 km/h 及以上高等级客运专线（含城际铁路）只开行动车组的模式，获得了业界的一致赞同；对于 200～250 km/h低等级客运专线是否开行普速客运、货物列车的看法不一，存在争议。

普速客运、货物列车在高速线上运行，对动车组列车有“速差”“时差”影响，使行车组织更复杂，调度指挥更困难，如不加运行条件限制，还有可能损伤高铁设备，危及行车安全。同时我国新建 200～250 km/h 低等级客运专线较多，通过能力富余较大。一些客运专线只开行动车组列车，能力剩余更多。应该根据缩短运输距离（时间）、减轻既有线运能压力等方面的需要，尽可能增开符合高速铁路运行条件的普速旅客列车和快运列车（包括从既有线转入的列车），努力提高客运专线通过能力利用率，充分发挥高速铁路投资效果。

一般认为，在 200～250 km/h 低等级客运专线，开行动车组以外的列车时，应符合以下条件。

（1）牵引列车的电力机车须配备列车运行监控记录装置（LKJ）、机车综合无线通信设备、连续式机车信号装置、自动过分相装置，根据需要装设弓网检测装置等。

（2）旅客列车应根据站台长度确定编成辆数（计长），始发站禁止编挂“关门车”，应装有轴温报警装置，采用集便装置。客车应装有盘形制动装置和防滑器，空气制动用风应与其他装置用风分离。旅客列车运行速度不应低于 120 km/h，160 km/h 及以上的客车应采用密接式车钩和电空制动机。旅客列车应安装列尾装置。司机、车辆乘务员、列车长、乘警应配备铁路数字移动通信系统 GSM－R 手持终端和无线对讲设备。

（3）货物列车应根据高铁到发线有效长确定计长，一般不应开行超长、超限、超重等有运行条件限制的货物列车。货物列车运行速度不应低于 120 km/h，快运货物列车运行速度不应低于 160 km/h。在动车组列车运行时间段，禁止开行货物列车，只能利用夜间综合天窗前后开行。车辆的制动梁、下拉杆、交叉杆、横向控制杆及抗侧滚杠杆须有保障装置，并配置车号识别设备。货物列车进入高速铁路前，必须认真进行列检、货检以确保列车运行安全。司机（副司机）应配备 GSM－R 手持终端和无线对讲设备。

3.2 高速铁路旅客列车开行方案

高速铁路旅客列车开行方案的内容包括：列车车次（等级）、起讫点站名、开行对（列）数、途中停站站名、编组辆数（定员）和车底运用等。它是编制列车运行图和动车组运用计划、进行调度指挥的基础，是高速铁路旅客运输和行车组织的核心。

列车开行方案要符合旅客出行规律，最大限度方便旅客，尽可能减少旅客换乘次数，缩短旅行时间，提高服务质量，吸引更多客流，提高列车上座率；充分利用通过能力，合理确定各种列车开行的对（列）数和编组辆数（定员数），合理使用动车组，提高铁路经济效益和社会效益。编制高速铁路旅客列车开行方案的步骤主要包括：客流调查与预测，确定列车始发与终到站，确定旅客列车开行对（列）数，设计列车停站方案等。

3.2.1　客流调查与预测

客流调查与预测是在高速铁路吸引范围内，详细调查公务、商务、旅游、探亲等旅客出行的要求，以及学生流、务工流的流向和流量，采用历年统计资料和问卷调查等手段，预测未来年度高铁客流总量，以及平常、周末和节假日客流变化规律和各次列车上座率情况，为编制高速铁路旅客列车开行方案，提供比较准确的客流资料。

客流调查与预测非常重要，要由专门的机构和人员负责。国外铁路有人主张委托路外调查公司负责，认为他们调查与预测的结果比较客观真实，精确度较高。我国高速铁路发展迅速，投入运营初期，既无高速铁路客流实际统计资料可查，又缺乏高速铁路客流预测的经验，对高速铁路客流的特点、构成和变化规律认识不足，很多时候不重视、不进行客流调查，致使预测的客流总量偏高，一些高速铁路线路日常开行列车数量偏多，一些高速铁路列车日常上座率太低，这既浪费了通过能力，又增加了运营支出。

随着国民收入水平逐年提高，带薪休年假等制度的推行，旅游、探亲客流将逐年增加。随着城镇化进程加快，务工流将逐年减少；“一带一路”建设大力推进，国外旅游、商务客流将会逐年增加。这些客流的变化，究竟对高速铁路客流有多大影响，需要认真调查分析高速铁路客流特点后，才能得出比较准确的结论。

旅客出行选择交通方式时，主要考虑安全、快捷、舒适、票价。公务、商务旅客出差费用可以报销，无须考虑票价，中短途旅客多数选择高速铁路，少数选择民航。长途旅游、探亲的客流中：收入较高的旅客多数选择高速铁路或民航，少数选择普速铁路；收入较低的旅客多数选择普速铁路，少数选择高速铁路。短途旅游、探亲的旅客中，有私家车的旅客，因节假日高速公路免收通行费，多数自驾车出行，少数乘高速铁路列车；收入低的旅客，多数乘坐公路客运汽车或普速铁路列车，少数乘高速铁路列车。进城务工人员和低收入旅客因高速铁路票价较高，只有在春节期间因买不到普速铁路车票才乘坐高速铁路列车回家过年；少部分家庭经济富裕的学生，不愿意乘坐普速铁路硬座而购买高速铁路软座回家。

目前，我国不同地区的经济发展水平不均衡，人均收入存在较大差距，对高速铁路票价承受能力各不相同。北、上、广、深、杭、宁等地区，人均收入水平较高，高速铁路客流较多，高速铁路线路和开行动车组列车较多，上座率也较高；西北、西南、东北地区，人均收入水平偏低，高速铁路客流和高速铁路线路相对较少，开行动车组列车较少，上座率也较低。此外，随着我国高速铁路已建设成网，高速铁路吸引的客流范围也在发生变化。例如，在徐兰高速铁路宝鸡至兰州段未建成前，郑西高速铁路西安北站始发与终到的客流，大部分为西安市和陕西省境内始发与终到北京、广州、上海方向的客流。宝鸡至兰州段建成并投入运营后，增加了甘肃、青海、新疆、西藏等省、自治区的中转客流。这些不断变化的情况，在客流调查与预测过程中，都要认真研究，深入分析，力求准确预测。此外，互联网大数据也可作为客流调查的参考。

3.2.2 确定列车始发与终到站

编制高速旅客列车开行方案，确定列车始发与终到站（起讫点）时，应考虑以下条件。

1. 应具备动车组维修与养护条件

动车组列车起讫点应具备必要的检修条件，保证动车组的日常维修与养护检查，确保动车组运行安全，同时要减少动车组进出检修基地的走行时间，提高动车组运用效率。目前，我国高速铁路每日固定开行的动车组列车的起讫点绝大多数都有动车段（所），个别起讫点暂不具备检修条件，可按交路折返回到检修基地进行检修。例如，广珠城际高速铁路，广州南—新会每日开行25.5对动车组列车，新会不具备检修条件，按检修周期返回广州南进行检修。周末和节日才开行的短途动车组列车，一般都立即折返到始发站检修。

2. 应选择客流量大、设施完善的大型客运站

大型客运站所在地多为直辖市、省会、计划单列市。如京沪线上的北京、天津、济南、南京、上海，京广线上的石家庄、郑州、武汉、长沙、广州，杭深线上的杭州、宁波、福州、厦门、深圳，这些特大、大城市经济发达，人口众多，人均收入水平较高，乘坐高速铁路出行的客流量大。大型客运站站场设备、旅客服务设施和动车组维护设备齐全，符合长途直达动车组列车始发、终到条件。

【知识扩展】

武汉站

要想带动城市之间的交流，交通是非常重要的，近几年我国一直致力于交通的建设，在许多城市建造了机场、高铁站等。高速铁路车站站台如图3－4所示。

图3－4 高速铁路车站站台

高速铁路是深受大众欢迎的出行方式，每个城市的高铁站也在不断地完善设施。位于湖北省武汉市的武汉站如图3－5所示。

图3－5　武汉站

武汉站于2006年正式动工，耗时3年，在2009年正式建成通车，其建筑面积约为37万 m^2，总投资140亿元。据了解，这座高铁站是由法国著名的设计师和中铁第四勘察设计院共同设计完成的。武汉站鸟瞰图如图3－6所示。

图3－6　武汉站鸟瞰图

武汉站整体外观十分大气，主要采用了波浪形的设计，远远望去，犹如一只要展翅翱翔的黄鹤。整座建筑中间突出的部分高达60 m，象征着武汉的发展前景蒸蒸日上。武汉站波浪形的外观设计如图3－7所示。

武汉站一共分为高架层、站台层、夹层、地面和地下层5个层面，中间的夹层是为旅客专门设计的，其中有休闲观景区域，还设有观景长廊，这一设计在中国火车站为首创，旅客可以在这里看到高速铁路列车发车的全过程。武汉站站台如图3－8所示。

图 3－7 武汉站波浪形的外观设计

图 3－8 武汉站站台

3. 始发客流量（上座率）应满足列车开行条件

“按流开车”是确定列车开行的基本原则。划定起讫点客流量时，不仅要考虑起讫点本身的直达客流，而且要考虑归并后的客流。例如，西安北开往深圳北的直达客流量，如只考虑西安地区的客流，由于量小就不需要开行直达深圳的列车，只能开行西安北至广州南的列车。如把陕西省各地市的客流归并进来，使直达客流高度集中后，其客流量就能满足开行西安北—深圳北长途直达列车的条件。这样既能减少换乘时间，方便旅客出行，又能充分利用起讫点的客运能力，提高经济效益和社会效益。

4. 应符合最优径路条件

高速铁路网上，起讫站间可能有若干条径路，应选择输送能力大、运输距离或旅行时间短、中转换乘次数少、运输费用低的最优径路，方便旅客快捷出行，吸引更多客流，提高上座率，获得更好的经济效益与社会效益。例如西安至北京的动车组列车有两条路径：一条经郑州东，另一条经太原南，经技术经济分析比较，选定经郑州东。

5. 应结合既有线列车起讫点

我国高速铁路列车起讫点，可以选择一部分既有线列车的起讫站。如京津城际的天津站，沪宁城际的南京站，京广线的北京西站，京沪线的上海站、广深线的广州站、广州东站等。这些车站具有完善的客运设施可供利用，并与城市公共交通衔接紧密，选择既有线列车的起讫站作为高速铁路列车的起讫点既方便了旅客出行，又能防止新建高速铁路车站投资过大的问题。

6. 起讫点间旅行时间应不超过 8 h

调查显示，旅客乘坐无卧铺动车组列车超过4 h，会感觉不舒服；超过6 h，会感觉很困乏，公务、商务旅客会选择乘坐民航飞机出行；超过 8 h，会感觉难以承受，旅游、探亲的旅客会选择飞机、卧铺出行。旅行时间超过8 h 的长途动车组列车，如乌鲁木齐至北京、上海、广州，哈尔滨至广州（深圳）、福州（厦门），不但旅行时间超过8 h，往返走行里程也超过动车组一级检修里程［（4 000 ±400）km］，还须解决跨局进行动车组检修的难题。

3.2.3　确定旅客列车开行对（列）数

确定旅客列车开行对（列）数是编制列车开行方案的重要环节。确定旅客列车开行对数在满足旅客出行需求，有效利用铁路运力，降低运输成本，保证客运服务质量，提高经济效益与社会效益等方面，都具有重要的作用。

旅客列车开行对数是在确定客流总量和列车起讫点以后，根据列车运行区段客流密度、列车定员、平均上座率和客流波动等因素，经过计算确定的。根据按流开车的原则，首先确定大流量客流需要开行的列车对数，然后将零星客流和剩余客流合并，再计算这部分客流需要开行的列车对数。

列车起讫点不同，客流密度不同，各类动车组编组辆数，客座定员亦有所不同，要根据具体情况分别计算。我国动车组有 8 辆和 16 辆编组两种。其中 8 辆编组的动车组，一般单独开行，根据需要也可以重联开行。各起讫点间开行的列车数量，要在分析客流密度，计算“大流”，合并“小流”，考虑客流波动后再按编组辆数、客座定员数、平均上座率等因素计算，最终才能将客流转化为列车流。

我国客流波动性在日常（周一到周四）、周末（周五至周日）和节假日表现明显，尤其是春节期间，学生流、务工流、探亲流严重叠加。为了满足旅客出行要求，周末和节假日开行列车数比日常更多。高速铁路旅客列车开行对数，一般按节假日高峰期最大客流量确定，并据此编制基本运行图。周末、平常客流量较小时，采取抽减列车运行线方式，从而减少列车开行对数。

3.2.4　编制列车停站方案

编制列车停站方案时要考虑的因素较多，不同的停站次数，对旅客出行需求和铁路效益会有不同的影响。减少停站次数，能缩短旅行时间，加速动车组周转，对长途旅客和铁路部门都有好处。增加停站次数，对满足中短途旅客出行需求、提高列车上座率有利，但会降低列车旅行速度，延长长途客流的旅行时间和动车组周转时间，使“高速”失效，对长途旅客和铁路部门不利，因此编制列车停站方案，既要保证旅客出行需求，又要兼顾铁路经济效益。尽可能做到旅客、地方政府、铁路部门都比较满意。

目前，我国高速铁路动车组列车停站方案有以下几种。

1. 一站直达，中途不停

这种模式适用于客流集中在列车起讫点，旅行时间不超过司机乘务时间的区段。例如，沪宁城际高速铁路，运营旅程 301 km，2010 年 6 月，开通后首次公布的列车开行方案，本线开行速度为 300 km/h“G”字头列车 95 对，其中南京—上海虹桥 48 对，南京—上海 22 对，属于一站直达。

2. 长途直达，省会城市停车

京沪、京广直达客流虽然很大，但运营里程较长，旅行时间超过司机一次乘务时间，中途需要更换司机。例如，北京南—上海虹桥的长途直达列车，有 2 对只在南京停车，有 6 对在省会城市济南、南京停车。北京西—广州南的长途直达列车最少要在武汉停车，一般安排在郑州、武汉、长沙 3 个省会城市停车。

3. 省际直达，地市级城市交错停车

目前，我国省会城市基本上都已进入高速铁路网络，大量开行省际直达列车。如南宁—广州的高速铁路列车，在贵港、梧州、肇庆、佛山停车或交错停车；西安北—郑州的高速铁路列车，安排在渭南、三门峡、洛阳等地级市停车。

4. 中、短途区段列车，县级城市停车或交错停车

例如京广线，可在北京—石家庄—郑州、郑州—武汉—长沙间开行为县级城市服务的中、短途高铁区段列车，满足更多旅客乘坐高铁列车出行的需求，这对培育市场、提高效益都大有好处。也应注意，此类列车数量不宜太多，以防止“高速”失效。编制高速铁路旅客列车开行方案时，还需根据大型会议、重要赛事和旅游旺季等客流变化情况，及时增开各种动车组列车，满足旅客出行的需要。

3.3 高速铁路列车运行图

高速铁路列车运行图是高速铁路行车组织工作的基础。所有与列车运行有关的铁路部门，必须按照列车运行图的要求，组织本部门的工作，以保证列车按列车运行图运行。高速铁路列车运行图应根据高速客流量、区段通过能力等因素确定列车对数，并应符合下列要求：区间运行、列车追踪间隔、车站间隔、列车接续或折返等技术作业时间标准；迅速、便利地运输旅客，确定行车量和列车性质时，应贯彻长短分工、快慢分工原则，合理规定停车次数和时间；充分利用高速铁路通过能力，经济合理地运用动车组，按规定安排施工与维修共用的综合天窗，确保施工、维修作业安全；做好列车运行线与旅客出行规律的结合，减少旅客换乘次数和时间，提高列车上座率；保证各站、各区段的协调和均衡，合理安排各站停车频次和间隔；合理安排乘务人员作息时间，保证不超劳。动车组交路图应与列车运行图同时编制。

高速铁路列车运行图在意义、原理、内容、编制程序和铺画运行线的方法等方面与普速铁路的基本相同，都是运用坐标原理对列车运行时间、空间关系进行图解表示，以水平线表示车站（线路所）、垂直线表示时分、斜线表示列车运行线。

3.3.1　三种高速铁路列车运行图

高速铁路列车运行图主要有以下三种。

（1）节假日使用的列车对数最多的运行图，称为基本运行图或高峰运行图。

（2）周末（周五至周日）使用的运行图，是从基本运行图中抽减一定数量运行线，列车对数较少的运行图。

（3）日常（周一至周四）使用对数最少的列车运行图。

例如，京沪高铁，节假日使用的基本图开行92对，周末使用的运行图开行85对，日常使用的运行图开行78对；京津城际高速铁路在基本运行图开行100对的基础上，采取按动车组交路停运方式，编制开行70对的日常使用的分号运行图、开行80对的周末使用的分号运行图，节假日根据电报公布使用开行90对或100对的分号图。

3.3.2　高速铁路列车车次的编排

铁路列车类型、类别不同，车次编排也不相同，铁路列车车次编排规定如表3-1所示。

表3-1　铁路列车车次编排规定

<table>
<tr><th>序号</th><th>列车类型</th><th>类别</th><th>车次范围</th><th>备注</th></tr>
<tr><td rowspan="3">1</td><td colspan="4">高速动车组旅客列车</td></tr>
<tr><td rowspan="2">G1 ~ G9998</td><td>直通</td><td>G1 ~ G4998</td><td>G4001 ~ G4998 为临客</td></tr>
<tr><td>管内</td><td>G5001 ~ G9998</td><td>G9001 ~ G9998 为临客</td></tr>
<tr><td>2</td><td>城际动车组旅客列车</td><td>—</td><td>C1 ~ C9998</td><td>C9001 ~ C9998 为临客</td></tr>
<tr><td rowspan="3">3</td><td colspan="4">动车组旅客列车</td></tr>
<tr><td rowspan="2">D1 ~ D9998</td><td>直通</td><td>D1 ~ D4998</td><td>D4001 ~ D4998 为临客</td></tr>
<tr><td>管内</td><td>D5001 ~ D9998</td><td>D9001 ~ D9998 为临客</td></tr>
<tr><td rowspan="3">4</td><td colspan="4">直达特快旅客列车（160 km/h）</td></tr>
<tr><td rowspan="2">Z1 ~ Z9998</td><td>直通</td><td>Z1 ~ Z4998</td><td>Z4001 ~ Z4998 为临客</td></tr>
<tr><td>管内</td><td>Z5001 ~ Z9998</td><td>Z9001 ~ Z9998 为临客</td></tr>
<tr><td rowspan="3">5</td><td colspan="4">特快旅客列车（140 km/h）</td></tr>
<tr><td rowspan="2">T1 ~ T9998</td><td>直通</td><td>T1 ~ T3998</td><td>T3001 ~ T3998 为临客</td></tr>
<tr><td>管内</td><td>T4001 ~ T9998</td><td>T9001 ~ T9998 为临客</td></tr>
<tr><td>6</td><td>特快货物班列（160 km/h）</td><td>—</td><td>X1 ~ X9998</td><td>“X”读“行”</td></tr>
<tr><td>7</td><td>快速货物班列（120 km/h）</td><td>—</td><td>X201 ~ X398</td><td>“X”读“行”</td></tr>
</table>

续表

<table>
<tr><th>序号</th><th>列车类型</th><th>类别</th><th>车次范围</th><th>备注</th></tr>
<tr><td rowspan="3">8</td><td colspan="4">动车组检测列车</td></tr>
<tr><td rowspan="2">DJ</td><td>300 km/h</td><td>DJ1～DJ998</td><td>“DJ” 读 “动检”</td></tr>
<tr><td>250 km/h</td><td>DJ1001～DJ1998</td><td>“DJ” 读 “动检”</td></tr>
<tr><td rowspan="3">9</td><td colspan="4">动车组确认列车</td></tr>
<tr><td rowspan="2">DJ5001～DJ8998</td><td>直通</td><td>DJ5001～DJ6998</td><td>—</td></tr>
<tr><td>管内</td><td>DJ7001～DJ8998</td><td>—</td></tr>
<tr><td rowspan="2">10</td><td rowspan="2">动车组试运转列车</td><td>300 km/h</td><td>55301～55500</td><td>—</td></tr>
<tr><td>250 km/h</td><td>55501～55998</td><td>—</td></tr>
</table>

3.3.3 综合维修天窗对通过能力的影响

高速铁路与普速铁路在设置工务、电务、牵引供电设备综合维修天窗时的要求、时间和方法有所不同，这些因素的不同对通过能力的影响较大。

1. 作业要求不同

普速铁路利用天窗时间进行日常维修，作业要求简单，设备大修另行安排。高速铁路设备科技含量高，结构复杂，有关部门日常维修时，使用专门设备进行接触网检修、列控系统测试、线路养护与钢轨打磨等作业，以保障高速铁路设备质量，确保列车高速运行，安全正点，万无一失。

2. 天窗时间不同

普速铁路单线天窗时间规定为1.0～1.5 h，双线规定为1.5～2.0 h，安排在昼间；高速铁路维修天窗多在夜间，规定为3.0～4.0 h。

3. 维修方式（手段）不同

普速铁路多使用简单机具进行维修作业；高速铁路普遍使用大型机械进行检测与养护，事后还要开行动车组检测列车（车次以“DJ”开头），以确保维修质量。

4. 天窗类型不同

普速铁路单线多采用按供电臂停电检修的阶梯矩形天窗，普速铁路双线多采用按供电臂上下行正线分别停电的V形天窗。高速铁路均为双线，多采用按检修区段上下行同时停电检修的垂直矩形天窗。

5. 天窗对通过能力的影响不同

普速铁路双线，普遍采用上下行正线，分别按供电臂（20～30 km）停电的V形天窗，当上行正线停电时下行正线照常行车或改单线行车，停电时间较短（90～120 min），对通过能力影响较小。高速铁路采用垂直矩形天窗，不仅3～4 h天窗时间内上下行正线同时停运，而且垂直天窗时间前后形成的“三角区”无法铺画长途列车，对通过能力的影响大。在高速铁路运输能力富余情况下，为了确保高速铁路列车运行安全和作业人员安全，采用分段垂直矩形天窗是可行的选择。随着高速铁路逐步成网，跨线运行的列车数量不断增加，为了充分利用通过能力，可在“三角区”开行短途列车，也可按供电臂设置垂直矩形天窗，缩小“三角区”范围，减少垂直矩形天窗对通过能力的影响。

3.3.4　通过能力分析

高速铁路通过能力具有一些不同于普速铁路的特点。

1. 需扣除“速差”和“时差”对能力的影响

我国高速铁路采用不同速度列车共线运行模式，通过能力计算是以高等级列车为标准。如京沪、京广等客运专线，时速 300 km 与 200 ~250 km 的动车组列车共线，250 km/h 速度的列车，对 300 km/h 的列车有“速差”影响。又如，京沪线（北京南—上海虹桥）途中停车 7 次的列车，对只停一次的列车有“时差”影响。石太、温福等线路动车组列车与普速客货列车共线，兰青、汉宜等线路动车组列车与普速旅客列车共线运行，“速差”“时差”对通过能力的影响更大。

2. 通过能力不能均衡利用

通过能力计算是以 24 h 均衡运输为前提的，然而，高速铁路通过能力往往不能充分利用。首先，高速铁路夜间天窗时间和“三角区”内，不行车或少量行车，昼夜能力利用不均衡；其次，城际客运专线，昼间 6:00—9:00、16:30—19:30 时间段，列车密集到发，其余时间段客流量较小，特别是深夜、凌晨天窗前后基本上没有客流，致使通过能力不能均衡利用；第三，日常、周末、节假日开行列车数不同，如京津城际日常与节日开行的动车组相差 20 对，致使日常不能充分利用通过能力。为适应高速铁路客流波动较大，运能不能均衡利用的特点，高速铁路需要预留较多的后备能力，在列车运行图中，安排较多的备用运行线。

3.3.5　高弹性安排备用运行线

我国高速铁路采用“不同速度列车共线运行”模式，在编制旅客列车开行方案时，为满足广大旅客出行需求，确定列车起讫点、列车开行数量、列车停站方案等难度很大。编制列车运行图时，要严格、认真落实全路旅客列车开行方案。遇到困难问题时，要征得有关铁路局同意，经国铁集团批准后才能变动。对本局管辖范围高速列车运行图，要多安排一些备用运行线，以适应列车运行调整之需。

高速铁路要求列车运行速度快、始发终到正点率高，然而，本线运行和跨线运行的列车，由于受到恶劣天气、设备故障、人为意外等因素影响，会出现列车运行晚点情况。尤其是运行距离长、停站次数多、运行等级低的列车，晚点频率较高。高速铁路列车区间运行时分紧、停站时分短，一旦出现运行晚点，很难恢复正点。因此，高速铁路列车运行图要有足够的应变能力，铺画列车运行图时，一般采取高弹性安排备用运行线的方法，在晚点频率高的列车后面安排一些备用运行线。当列车出现晚点时，可以利用备用运行线，通过列车运行调整措施，使晚点列车恢复正点或不增加晚点时间。

3.4 高速铁路动车组运用计划

3.4.1 概述

1. 动车组运用管理

动车组由国铁集团统一管理，统一调配，实行配属制度。所谓配属制度，就是国铁集团根据高铁运输生产任务的需要和运输条件等因素将动车组配属给各铁路局（动车段）使用和保管的制度。

2. 动车组检修修程和周期

动车组检修修程分为1、2、3、4、5级。1、2级为运用检修修程，以维护保养为主，在动车运用所内进行；3、4、5级为高级检修修程，在具备相应车型检修资质的检修单位（动车段或基地）进行。

（1）1级维修以检查为主，包括制动、走行、受电弓在内的全面检查，还包括厕所排污，清扫保洁等，主要在夜间库停期间完成。

（2）2级维修是鉴于动车组各零部件检修周期或寿命不同而提出的专项维修。它是一个大的维修工作包，其中包括许多小的维修工作包，每个小工作包的检修周期、内容各不相同。

（3）3级维修主要是转向架分解检修，对制动、牵引、空调等系统进行状态检查和功能测试。

（4）4级维修主要针对动车组各系统的分解检修，对电机、电器进行性能测试及更换，以及车内设备的检修等。

（5）5级维修是对全车进行分解检修，在较大范围内更新零部件，根据需要对动车组进行现代化升级和改造，主要包括动车组全面分解、清洗、检查、修复、更换、车体重新油漆等。

3. 动车组检修机构的设置及其承担的作业

动车组检修机构主要有动车组运用所和动车段。动车组运用所（简称动车所）主要承担派驻动车组的整列运用、客运整备及存放作业，负责1、2级检修作业，根据需要完成部分临修作业。库内一级检修的作业时间一般不少于5 h，二级检修的作业时间一般不少于48 h。

动车段主要承担配属动车组的整列运用、客运整备及存放作业，负责3、4级定期检修及临修作业。

动车段（所）设置数量应适当，布局应合理。如段（所）数量过少、距离过远，动车组不能及时按修程检修，无法保证动车组按计划有效利用，或因动车组检修回送增加空车走行千米，降低动车组运用效率。设置数量过多，又将增加工程投资和运营成本。因此，动车段（所）应设在始发终到客流量大、开行动车组列车数量多的地区。

目前已建成北京、上海、武汉、广州、沈阳、成都和西安7个检修基地。已经建成的动车段（所）有北京、北京西、北京南、沈阳、沈阳北、长春、哈尔滨西、大连、石家庄、郑州、郑州东、武汉、汉口、西安北、济南西、青岛、上海南、虹桥、南翔、南京、南京南、杭州、南昌、南昌西、福州、福州南、广州、广州南、深圳北、长沙、三亚、成都东、太原、合肥、天津、南宁、西宁、乌鲁木齐，在建和拟建的还有13个。

4. 动车组在折返站的作业及停留时间

动车组在折返站的作业有：动车组列车到达作业（列车到达停妥后，开启车门，旅客下车，进行排污作业）；司机转换操纵台（含交接班）、保洁作业（含座椅转向）；列车出发作业（旅客上车，关闭车门，确认发车条件，起动列车）。列车立即折返的停留时间应根据折返站具体条件，通过实际查定确定。

3.4.2 动车组运用特点

动车组运用与机车运用有所不同，其主要特点如下。

1. 动车组运用方式灵活多样

动车组运用方式主要有以下几种。

1）固定区段往复折返运用方式

这种运用方式的主要优点是，有利于动车组管理，动车组在固定区段，往复折返运行数次后，返回固定地点检修，动车组运用组织比较简单。京津、沪宁、广珠等城际高铁，以及郑西、郑武、西太等高铁区段普遍采用此方式。其主要缺点是当运行区段较长或始发时间较晚，动车组当日不能返回本段（所）时，不仅影响动车组按时检修，而且第二天需使用另一列备用动车组。

2）固定区段连环套跑运用方式

这种运用方式的主要优点：一是动车组在固定区段连环套跑后，当日返回固定地点检修，动车组运用组织简单，便于管理；二是与固定区段往复折返方式相比，能增加动车组列车运行里程，提高动车组运用效率。其主要缺点与固定区段往复折返方式相似。距离500 km左右的相邻高速铁路区段，普遍采用连环套跑运用方式。

3）不固定区段运用方式

动车组从深圳北至武汉不固定运行区段有两种运行方式：一种按实线运行，另一种按虚线运行，最后返回广州南检修。

除此以外，动车组运用还有不固定区段往复折返和连环套跑等灵活多样的方式。为了加速动车组周转，提高动车组运用效率，只要车型相同，折返（接续）时间符合要求，检修地点、检修时间不变，经各方协商同意，动车组可以在局管内、跨局、全路高速铁路范围内灵活使用。

2. 影响动车组运用的因素

影响动车组运用的因素较多，除受运用方式的影响外，还受到如下因素的影响和限制。

1）动车段（所）设置地点

合理布局负责检修动车组的段（所），可以减少动车组空车走行里程，减少出入段走行时间，加速动车组周转。

2）动车组配属数量

动车组配属数量包括运用数量、检修数量和备用数量。动车段（所）要合理安排动车组运用计划，既要保证动车组按修程、周期进行检修，又要保证完成列车运行计划规定的任务，并留有一定的备用。

3）列车运行图规定列车起讫点、时刻不能变动

为了提高动车组运用效率，需小幅度变动时刻时，需与有关编图人员协商。

4）动车组检修计划规定的检查地点、周期、作业时间标准和时间段不能轻易变动

如需小范围调整动车组检修计划规定的检查地点、周期、作业时间标准和时间段时，要与检修部门协调。

5）动车组交路的约束

（1）交路段的约束。前一日交路段的终到站须与后一日交路段的始发站一致；最后一个交路段的终到站须与第一个交路段的始发站一致。

（2）接续地点约束。同一交路中，前行列车的终到站须与接续列车的始发站一致，并保证接续时间。

（3）折返时间约束。前行列车终到时间与折返列车的始发时间差，不得小于折返时间标准。

6）维修天窗

夜间垂直矩形综合维修天窗中断动车组行车的时间长，对动车组运用影响大。

3. 动车组运用效率

高速动车组列车不仅运行速度远高于机车牵引的普速列车，而且在运行途中不需要更换机车，无客车上水等作业时间，停站次数少、停站时间短，这大大缩短了旅行时间，数倍提高了运用效率。

例如，西安北至广州南 G98/95 次列车，途中只停郑州、武汉、长沙南 3 站，共计停站 10 min，旅行时间 7 h 39 min。西安至广州 K84/81 次列车，需更换机车 3 次，列车上水 5 次，停站 14 次，旅行时间 27 h 25 min。途经西安的直达特快列车，旅行时间 23 h 左右，由此可见，高速动车组列车比普速铁路旅客列车缩短旅行时间约 2/3。

3.4.3 动车组运用计划

动车组运用计划包括动车组运用交路计划和动车组车底分配计划两部分。动车组运用交路计划与列车运行计划（列车运行图）同时编制；动车组车底分配计划与动车组 1、2 级检修计划同时编制。

我国高铁营业线路较多，各局配属的动车组数量、车型和运用方式不完全相同，影响动车组运用的因素较多，人工编制困难，目前普遍采用计算机网络编制列车运行图和动车组运用计划，并以图表形式表示。

动车组运用计划图表的内容包括：动车组担当列车的车次、起讫站名、始发与终到时刻、立即折返时间、担当乘务的动车组车型、车组号码、检修或热备地点、走行里程、检修作业时间等。目前，各局担当动车组列车的线路较多，跨局运用的动车组情况越来越多，用一张图表难以表示全局动车组运用计划，为此，各铁路局普遍采用按线路编制动车组运用计划的方式。

3.4.4　动车组故障应急处理的方式

动车组列车运行途中发生故障时，根据不同故障情况，采取如下应急处理方式。

1. 维持运行

动车组运行途中发生故障时，一般采取复位、切除、回路旁通等方式，在保证安全，影响最小的前提下，维持动车组正常运行。

2. 限速运行

当动车组发生牵引丢失、制动切除、空气弹簧破损等故障时，应按相应设备故障限速的规定，报请列车调度员发布限速命令，准许动车组限速运行至终点站后，再根据实际情况进入车站修理或换车。

3. 临时停车

当动车组发生轴温报警、走行部异常、受电弓异常等故障时，需采取临时停车措施，报告列车调度员发布“本线封锁、邻线限速”命令后，随车机械师下车检查故障部位，如正常或处理后能够运行时，报告列车调度员恢复正常运行或限速运行，运行中加强监控。

4. 换车或换乘

动车组故障影响后续交路时，可采取换车措施。例如，2019 年 4 月 5 日，G1040 次列车 15:19 晚点 12 min 到达 A 站，图定 19:30 折返开行 G1051 次。列车出发前，因制动试验多次未通过，调度所决定启用站内热备动车组，组织旅客换乘，以减少故障对列车运行的影响。

5. 救援

动车组故障无法继续运行时，须及时申请救援，以尽可能减少不利影响。例如 2019 年 9 月 14 日，× ×城际铁路 D337 次列车在运行至 A – B 站间区间时，因主断不闭合等故障，降速运行至 B 站经小复位、大复位处理，司机报告故障无法修复，请求救援。因 B 站上、下行分别只有 1 条到发线，且图定停站列车较多，不具备换乘条件，列车调度员一方面命令司机降速 200 km/h 继续运行至 C 站 5 道停车，另一方面启用热备动车组，开行 D7 次到 C 站 3 道，更换 D337 次并组织旅客在同一站台换乘。

【实训】

高速铁路列车开行方案与列车运行图实训

【实训目标】

（1）能够掌握高速铁路运输组织模式、高速铁路旅客列车开行方案知识。

（2）能够掌握高速铁路动车组运用计划知识。

（3）培养初步的自主学习能力。

【实训内容与要求】

第一步：由教师介绍实训的目的、方式、要求，调动学生实训的积极性。

第二步：对学生进行分组，确定各小组的组长和人员分工。

第三步：由教师介绍高速铁路列车开行方案与列车运行图知识并宣布讨论的问题。

第四步：各小组对教师布置的问题进行讨论，并记录小组成员的发言。

第五步：根据小组讨论记录撰写讨论小结。

第六步：各小组相互评议，教师点评、总结。

【实训成果与检测】

成果要求：

（1）提交案例讨论记录：3～5名学生为1组，设组长1人、记录员1人，每组必须有小组讨论、工作分工的详细记录，以作为考核成绩的依据。

（2）能够在规定的时间内完成相关的讨论，撰写小结。

评价标准：

（1）上课时积极与教师配合，积极思考、发言。

（2）认真阅读案例，积极参加小组讨论，分析问题思路较宽。案例分析基本完整，能结合所学理论知识处理问题。

（3）小组成员积极参与小组活动，团队分工合作情况较好。

项目 4

高速铁路车站作业组织

【知识目标】

- 掌握高速铁路车站的定义与分类；
- 掌握高速铁路车站作业的特点；
- 了解高速铁路车站到发线运用的原则。

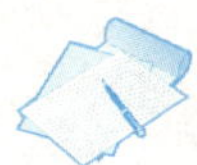

【技能目标】

- 能够根据高速铁路车站作业组织规定完成相关作业；
- 能够根据高速铁路车站到发线运用的相关知识完成相关作业；
- 能够根据高速铁路车站通过能力计算公式解决实际问题。

【学习重点及难点】

• 学习重点：高速铁路车站的定义与分类、高速铁路车站作业的特点、高速铁路车站到发线运用的原则。

• 学习难点：高速铁路车站作业组织、高速铁路车站到发线运用、高速铁路车站通过能力计算。

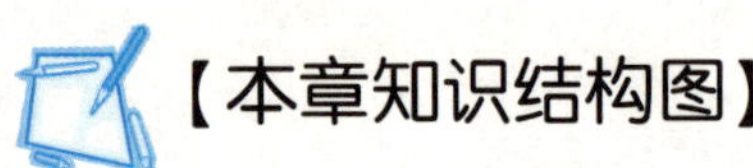

【本章知识结构图】

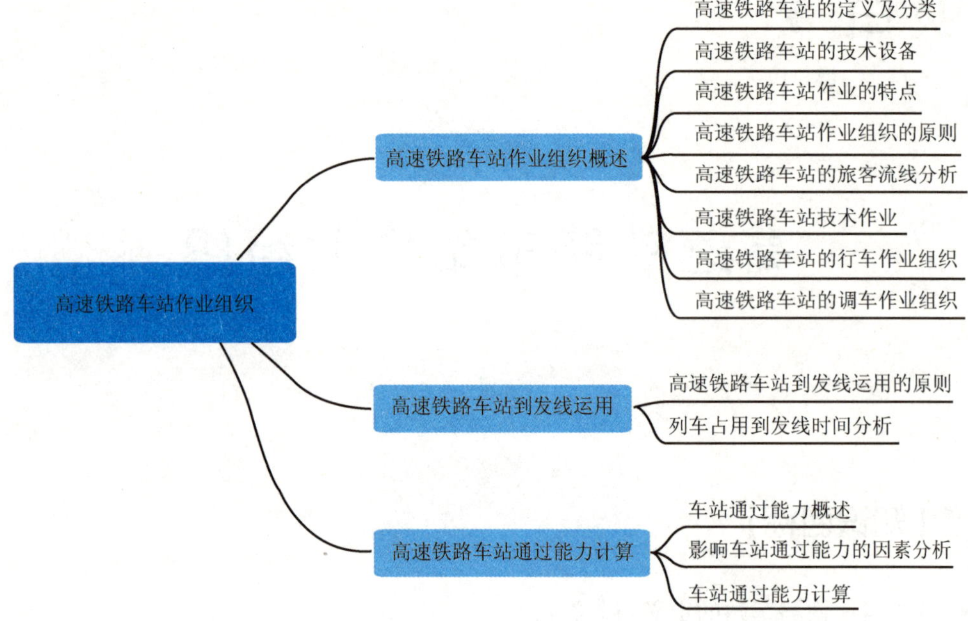

4.1 高速铁路车站作业组织概述

4.1.1 高速铁路车站的定义及分类

高速铁路车站是高速铁路旅客运输的基层生产单位，是铁路与旅客之间联系的纽带。客运站在铁路旅客运输生产过程中起着重要的作用，它是旅客运输的始发、中转和终到作业的地点，是铁路与旅客运输有关的行车、工务、电务等部门协调地进行生产活动的场所。旅客选择铁路列车作为旅行工具，首先接触到的是车站，因此，车站就成了提高服务质量、树立铁路信誉的门户。

高速铁路车站按作业性质和在线路上所处的位置可以分为越行站、中间站、始发站和枢纽站，按车站客运量分为大型、中型、小型客运站。一般情况下，直辖市、省会所在地的车站为大型客运站；省辖市所在地的车站为中型客运站；位于县城和县级市的车站为小型客运站。

1. 越行站

越行站是中国高速铁路特有的，设于站间距离较长的区间，其办理高速列车越行作业，一般不办理客运业务，除正线外仅设 2 股列车待避用的到发线。日本、法国等国高速铁路也有不同速度等级的列车运行，速度较低的列车也要在一些车站等待高速列车越行通过，但这些车站都兼办客运业务，因此没有单纯的越行站。

越行站主要办理不同速度列车之间的越行作业，正线办理高速列车通过，到发线办理列车待避作业。由于不办理客运业务，原则上可不设站台。

越行站在高速线上的布局，应根据不同速度列车的比例、列车开行方案、高速线需要的通过能力等因素来决定。越行站的基本布置图如图4-1所示。

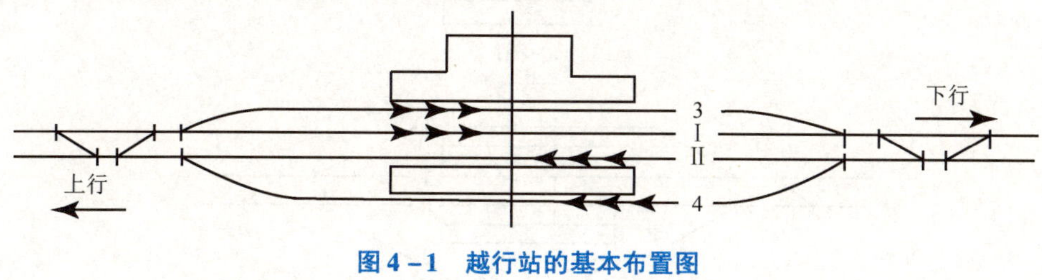

图4-1 越行站的基本布置图

2. 中间站

中间站办理停站列车的到发作业和不停站列车的通过作业；办理旅客上、下车及换乘，较大的一些中间站还办理高速列车的少量始发、终到或立即折返作业。中间站同样可以办理列车的越行作业。中间站分布较广，多位于地市、县城所在地，一般具有2~4股到发线（靠站台线）和2座旅客站台。

高速铁路中间站主要办理以下作业：旅客列车到发或通过；旅客列车待避；旅客列车折返停留；各种旅客列车的客运业务。

从高速铁路的特点看，为了缩短长途客车旅行时间，大部分长途直达客车一般应不停站通过中间站，中间站的到发旅客由少数停站客车运输。在有大量旅客到发的中间站，则另加开该站始发终到列车。对于正线通过列车多、停站列车相对较少的中间站应采用对应式布置，但当停站的旅客列车较多时，为充分利用站台，也可采用岛式布置。为便于高速动车组停留折返，在某些有动车组折返停留作业的中间站，要设置3~4条到发线。

为便于高速铁路设备的维修保养，在高速铁路车站，通常根据工务、电务、供电工区的分布，设置综合维修基地。这种基地应尽量与车站的到发线衔接，以便维修用车的出入。必要时，可采用跨线桥引入车站。中间站布置图如图4-2所示。

3. 始发（终到）站

办理大量高速列车始发（终到）的车站，通常位于高速铁路的起讫点（如京沪高速铁路的北京南站和上海虹桥站）。始发（终到）站办理始发（终到）列车到发作业，有较大的到发客流，一般设有高速铁路动车段（所）。

高速铁路始发、终到站作业有以下几项：办理旅客列车的客运业务；办理高速旅客列车的始发、终到作业，动车组的折返作业；办理动车组的整备、出入段作业；部分动车组的重联和摘解作业。始发（终到）站布置图如图4-3所示。

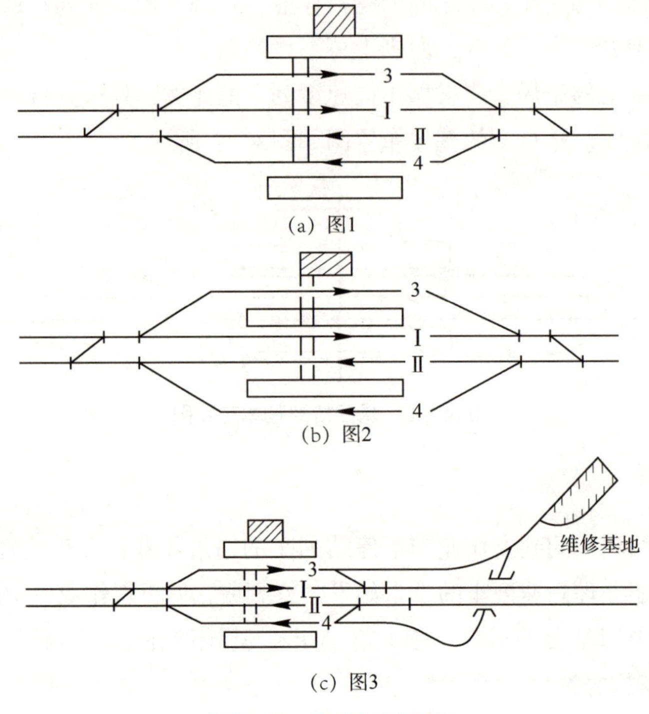

图 4-2 中间站布置图

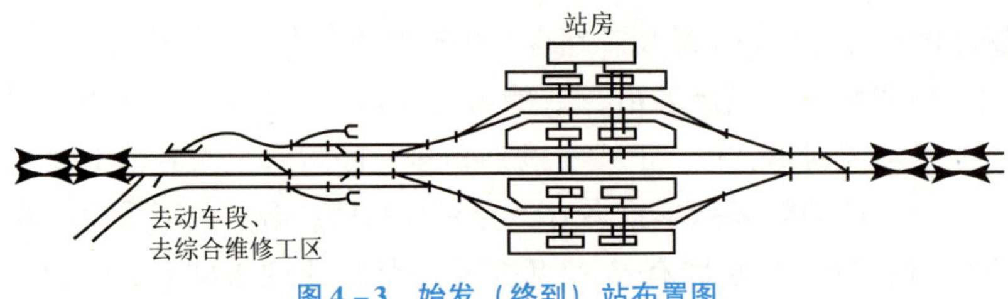

图 4-3 始发（终到）站布置图

4.1.2 高速铁路车站的技术设备

高速铁路车站的技术设备主要由站场、站房和站前广场三大部分组成，并拥有行车指挥、运营管理、生活服务等方面的设施设备和工作人员。

1. 站场

高速铁路车站站场布置了众多有专门用途的线路，用于接发、停靠列车、进行客运作业和技术作业。站场内应设置站线、旅客站台、雨棚和跨线设备等设施。站场内各种设施的布置形式，应能满足合理地组织旅客流线的需要，满足安全、合理地组织旅客上下车的要求，并应考虑方便站内工作人员作业。

1）站线

根据作业需要，车站站场内应设正线、到发线、综合维修设备存放线及其他线路。

(1) 正线。

国外的高速铁路车站布置图中，站内正线一般采用上下行全部平行顺直与两端区间连接，只有个别情况采用正线外包式，但因外包正线在进出站时常形成反向曲线影响速度，且站场横向占地大，目前已很少采用。

(2) 到发线。

旅客列车到发线供旅客列车接发和停靠，其与正线平行，有效长应根据高速铁路运行客车的种类、性质、长度及有关规定确定。

国外某些国家设有无到发线的车站，我国由于行车量大，无到发线的车站将影响列车运行调整，故一般不考虑设置无到发线的车站。

应根据车站的类别，设置到发线数量，具体须遵循以下原则：越行站到发线的数量一般为2股；中间站到发线的数量一般为2股，如果客运量较大，每年达500万人次及以上，或者有立即折返、始发终到作业的中间站，可设到发线3~4股。

始发（终到）站的到发线数量应根据车站最终承担的旅客列车对数及其性质、列车开行方案、引入线路数量和车站技术作业过程等因素确定，并应满足高峰时段列车密集到发的需要。

2) 旅客站台

站台是旅客乘降的必需设备，站台的合理设置有利于提高旅客的乘降速度。旅客站台如图4-4所示。

图4-4 旅客站台

(1) 站台的宽度。

高速铁路列车行车密度大，每列车上下的旅客人数少于普通铁路列车，故高速铁路站台与普速铁路站台宽度差别不大。

(2) 旅客站台的长度。

旅客站台的长度是按旅客列车的长度来确定的，其应长于列车的总长。虽然高速列车的总长比普速列车要短一些，但站台长度仍应参考普通车站站台规定的标准，即旅客站台长度应为550 m。

(3) 旅客站台的高度。

旅客站台的高度是指站台面高于线路钢轨面的高度，从这个角度出发，旅客站台分为低站台、一般站台和高站台。低站台台面高出相邻线路轨面 300 mm；一般站台台面高出相邻线路轨面 500 mm，与普速列车车厢阶梯最低层基本持平；高站台台面高出相邻线路轨面 1 250 mm，是最方便旅客乘降的高度。

高速铁路站台高度是根据高速列车的构造确定的，且更加追求旅客乘降的高效率，我国高速铁路车站均使用高站台。

3）雨棚和跨线设备

（1）雨棚。

为了保证向旅客提供优质的服务，旅客站台上必须设置雨棚。其长度和宽度应该与站台的长度和宽度一致，对于客运量较小的县级车站，雨棚的长度可以减少到 200 ~ 300 m。雨棚如图 4 – 5 所示。

图 4 – 5 雨棚

（2）跨线通道。

跨线通道是站房与站台之间、站台与站台之间往来的通道。跨线设备的类型、数量和位置，对站场内的流线组织起着重要的作用，尤其是在大量旅客下车出站时，跨线通道就成了人流疏散过程中的控制地段。

跨线通道的设置应根据车站、站房等总体平、剖面图设计要求，配合旅客流程选用，以达到合理地组织流线，保证旅客安全、方便地通行和上下车，并迅速地集散。高速铁路车站的跨线设备可分为天桥和地道。

省会城市和地级特大城市的车站，日均上下车人数在 15 000 ~ 75 000 人的客运站，天桥和地道设置不宜少于 2 处。地级市和县城的车站，天桥和地道不少于 1 处。有近郊、通勤、通学等大量短途客流的车站，应增加短途旅客跨线通道，以与长途旅客流线分开。通道出入口应与进、出站口相配合，减少旅客的走行距离，加快旅客进出站的速度。

关于跨线通道的宽度，省会城市和地级特大城市的车站不应小于60 m，如进出站只设一条通道，则不应小于8.0 m；地级市的车站不应小于5.0 m；县级站不应小于3.0 m。跨线通道通向各个站台应设双向出入口，对于客运量较小的县级站也可以设单向出入口，但应适当地增加出入口的宽度。

4）检票口

检票口是站房与站台之间的连接点，是旅客进出站的必经之路，也是旅客流线组织的重要一环。检票口的布置应力求缩短旅客检票后的步行距离。检票口的数量应根据通过该处检票进站（出站）的旅客人数及检票口的通过能力来确定。检票口如图4－6所示。

图4－6　检票口

高速客运站检票口的检票作业方式与常规检票方式已有较大区别，配备的先进设备可以部分或全部地取代人工检票，从而极大地加快了检票的速度，提高了检票口的通过能力。

检票口宜集中设置，便于管理和互相调剂使用，但是站房规模较大的客运站，客流较复杂，应分别设置进站检票口和出站检票口，进站检票口、出站检票口的设置地点应与城市公交站点相配合，以避免不必要的人流交叉。

2. 站房和站前广场

站房是车站的主体，其作为一个“窗口”展示着铁路的外在形象，直接反映社会经济发展的状况和建设水平。站房的位置一般是根据线路的布置、地形地质条件及城市综合规划等条件综合考虑的。

1）站房的组成

高速铁路车站的站房与既有车站的站房相比，在设计理念、配套设施及工程技术要求上有很大差别，如在换乘设施、残疾人专用通道、汽车泊位，以及环保化、人性化、艺术性等方面差别显著。

高速铁路车站站房主要包含了以下部分。

（1）为旅客服务用的各种房屋，如供旅客办理各种旅行手续和候车的出入口、大厅、信息查询处、售票处、候车室、通过走廊及小件物品寄存处等用房。

（2）为旅客提供生活、文娱服务的餐厅、酒吧、超市、阅览室、公用电话、互联网服务中心、医务室、洗手间等房屋，这些是客运站站房的核心部分。

（3）运营管理所需要的各类技术业务用房，如指挥行车和调车作业的指挥中心、技术室及有关辅助房屋。

（4）车站行政办公用房，指行政管理部门用房及辅助性房屋，如站长办公室、安全室、财务室、会议室等。

（5）建筑设备用房，如车站电气、机械、通风、采暖、供水等设备所需要的房屋。

（6）驻站单位用房，如海关办事处、检疫机构、公共安全机构等所需要的房屋。

（7）职工生活用房，如职工休息室、食堂等。高速铁路车站站房如图 4－7 所示。

图 4－7　高速铁路车站站房

2）站房的位置

高速铁路车站因为有多种不同的设置形式，有离开既有站新修的，有利用既有站站房改扩建的，还有与既有站并列设置、错开设置、上下设置的等多种形式。

（1）离开既有站新建的高速铁路车站。

这种高速铁路车站一般有三种布置方案：常规的布置方案、候车室高架于车站之上的布置方案和高架方案。

常规的布置方案是平面对应式车站，站房在一侧，具有基本站台和中间站台，在立体面上两站台以一座进站地道和一座出站地道连接，或者通过天桥进站上车、地道出站，也可以是两个天桥进出站的方式。地道造价较天桥高，但安全性好，也不会阻挡车站行车作业线路。

在旅客到发量较大、停站列车较多时，需采用岛式布局，若车站横向用地宽度不足，为避免基本站台与中间站台只夹1股道的平面布置，可以采用候车室或站房全部建于车站股道之上的方式。进站旅客从进站厅自动扶梯上至高架候车室，从高架候车室两侧的人行楼梯下到站台。出站旅客可从地道出站，如两侧都设进出口，地道也可不贯通。旅客流程为“高进低出”，进出站旅客流程清晰、方便，可减少站房建设用地。

高架方案（高架站）的平面布置应力求简单，其功能仅为列车到发和旅客上下车，其余设施均不应在高架站上，以减少桥梁工程。利用车站桥下净空作为站房和候车室内立面布置，每个站台设旅客上、下扶梯各一座，构成“低进低出”的旅客流线。这种布置能充分利用空间，减少用地，是高架站布置的较佳形式。

（2）与既有站紧靠并列（或错开）设置的高速铁路车站。

既有站多位于市区，高速站为方便旅客和利用既有站的客运设施可设在既有站外侧，这种形式在高速铁路设计中被较广泛地采用。高速车场与既有车场各自成系统，两者不必连通。站房、旅客通道、候车室等客运设施融为一个整体。其设置方式有以下几种。

①高速站为地面站与既有站基本等高的平、立面总布置方案。这种方案的高速站与离开既有站新修形式相同，只是旅客要横越既有站。根据既有站跨线通道情况，有条件时可利用既有跨线设备延长接通高速站跨线通道。站房、候车室、广场等可全部利用，高速客流和既有站客流共用进出站跨线通道。

②高速站为高架站与既有站紧靠并列的布置方案。利用高架站桥下的净空作为高速旅客候车大厅或进出站大厅，利用跨线设备与既有站连接，高速旅客和普通旅客共用跨线通道。

③高速站高架于既有站之上的布置方案。这种方案是将大部分的高速站设置于既有站的上方，由于高速站之下就是既有站的股道和站台，上下站台不能对齐，只能采用“高进高出”方式。

④既有站下方设地下高速车场的布置方案。地下站与高架站一样是为了利用立体空间。其站台层一般在地下，站厅层在地面上，通过扶梯沟通。由于这种站型施工困难、投资较大，因而在世界高速铁路车站中为数不多。

3）站房的建筑规模

客运站的建筑规模，应根据车站的旅客最高聚集人数来确定。旅客最高聚集人数是指客运站全年旅客最高月份中，日平均一昼夜内旅客同时在候车室内的最大候车人数，包括客运站的发送旅客、中转旅客及送客者，通勤及通学旅客除外。影响旅客最高聚集人数的主要因素是旅客上车人数及其在车站聚集时间的长短。这和客运站与居民区距离的远近、交通条件、旅客列车到发间隔是否均衡、预售车票组织水平及车站附近文化设施等条件有关。旅客最高聚集人数直接影响车站用房和设施的大小，各种用房的建筑面积根据旅客最高聚集人数来计算设计。如表4-1所示，目前我国客运站站房规模可分为小型、中型、大型和特大型四类。

表 4－1　我国客运站站房规模划分

序号	类型	旅客最高聚集人数/人
1	小型	600 以下
2	中型	大于等于 600，小于 3 000
3	大型	大于等于 3 000，小于 10 000
4	特大型	10 000 及 10 000 以上

4）客运用房的布置与站前广场

客运用房指直接为旅客服务的房室，主要由出入口、售票处、候车室和检票口等组成。各房室的布置应以旅客在站内的流线畅通，走行距离较短为依据。站房出入口应保持一定的距离，使进站旅客流线和出站旅客流线分开，方便旅客进出车站；售票处应设在进站流线中易于找到的明显地点；候车室要求环境良好、宽敞明亮、整洁卫生，有视频、音频设施。另外，候车室应与站房主要进站口及检票机有便捷的通道，并尽量靠近站台。

站前广场是客运站与城市交通联系的纽带，是旅客流及各种车流的集散地点，应与地面公交、地铁、轻轨、磁悬浮等各种交通运输方式有机衔接，以实现零距离换乘的目标。站前广场的功能是集散铁路旅客和部分城市交通车辆，运行和停放各种交通车辆，布置各种服务设施。

为保证旅客和车辆安全、便利、迅速集散，站前广场上各种车辆的行驶路线、停车场地应妥善安排，避免旅客流线、车辆流线之间的交叉干扰，并应尽量缩短进、出站旅客的走行距离，各种车辆停车站应尽量靠近站房出入口，旅客活动地带应设人行通道，客流量大、交通组织较复杂的广场可设地下人行通道，广场周围布置旅客服务设施，如旅馆、饭店、邮局、网吧、超市、长途汽车客运站等，使站前广场成为与城市规划密切配合的一个完整空间。站前广场如图 4－8 所示。

图 4－8　站前广场

4.1.3　高速铁路车站作业的特点

车站的工作组织水平与铁路旅客运输的效率和服务质量有着直接的关系。由于高速铁路的特点，高速铁路车站更是把为旅客提供最大方便、保护环境、保障所有设施的高效运营作为主要目标。高速铁路车站的主要作用是组织旅客安全乘降和迅速集散，保证旅客能迅速方便地办理一切旅行手续，并为旅客提供舒适的候车环境和良好的文化生活服务，车站还应及时地组织高速旅客列车的到达、出发，以及出入段作业。高速铁路车站作业具有以下特点。

(1) 车站作业单一，一般只办理客运作业，不办理货运作业。

日本、法国等多数国家的高速铁路均不开行货物列车；德国虽有客货混跑高速线，但仍以客车为主，货车主要在夜间运行，车站办理的作业主要是通过作业。我国高速铁路基本也不办理货运作业。

(2) 高速铁路车站一般不办理行包、邮政托运业务，列车停站时间短。我国普速客车多挂有行李车和邮政车。列车到达较大车站时，要进行邮件和行包的装卸作业，车站站台上沿站台的纵横向均须设置行邮拖车的走行通道，列车作业繁忙的大站通常须设横越股道、站台的地下通道，交叉干扰多，作业时间长，往往成为列车到发作业耗时的主要限制因素。

高速列车牵引重量小、列车定员少，运输成本高，在高速列车上挂运邮政车和行李车不经济，还会因装卸行包而延长旅客列车的停站时间，不符合高速铁路追求最短旅行时间的目的。同时，增加行邮业务还需增建相应的行邮通道，以保证运营安全，这也会增加高速铁路车站的投资建设费用。因此，高速铁路车站一般不办理行包和邮件的装卸作业。国外的高速铁路车站也不办理行邮作业，解决的办法一是设置较宽敞的行李架，二是开行单列的行包邮政列车。我国高速铁路基本与既有线平行，行包运输问题可以由既有线完成，故高速铁路列车不办理行邮业务。目前，为发挥高速铁路运能，服务经济、社会发展，高速铁路企业正在大力发展高铁快递业务。

(3) 高速铁路车站作业必须突出“以人为本、安全第一”的思想。高速铁路车站是一个大量人流集散的场所，应以方便旅客使用为宗旨，提供多层次的出入通道引导旅客顺畅地进出站，做到快速集散客流，尽量减少旅客步行距离和滞留时间。

不停站的高速铁路列车通过车站的速度按要求应与区间相同，停站的列车进入咽喉区的速度也将达到80 km/h。随着列车运行速度的提高，在其通过或进站停车时产生强大的气压(列车风)。为了防止“列车风”危及人员安全，在车站内要通过合理布设车站的各项设备来保证旅客人身安全、员工作业安全、列车运行安全、调车作业安全等，如采取站台加宽、安全线后移等措施。同时，应注意车站的防火、防灾设施的合理布置。

(4) 高速铁路车站的客运和行车组织工作要适应高效率、快速的作业要求。高速铁路列车停站作业时间很短，列车停站时间最短为1 min，立即折返的列车停站时间为15 ~ 25 min，必须提高车站客运和行车组织工作水平，以适应高速铁路列车高效、快速的作业要求。

4.1.4 高速铁路车站作业组织的原则

1. 一体化原则

大多数高速铁路车站按一体化原则进行设计。这种车站设计原则使高速铁路车站工作组织体现出一体化的风格。

高速铁路采用动车组作为运载工具，在始发、终到站的作业较少，除常规的例行检查、发车、进站作业外，主要为满足旅客的上下车。在中间站内一般只停留几分钟，并且对按点发车要求很高，这就要求站内旅客组织工作须保证客流的顺畅，以免耽误正点发车。客票的日常销售是以动车组开行方案为基础，而动车组的开行则要满足旅客的日常出行规律，并根据市场变化进行及时的调整。因此，车站的客票销售、市场的需求及动车组的开行是互相关联的，一体化的工作原则使其统一、协调起来。

候车旅客、进站客流及出站客流的组织相对比较复杂，高速铁路车站在设计建设阶段即要进行考虑，但客流是变化的，在设计阶段不可能预料到所有的问题，因此，车站在日常组织工作中，要运用车站引导标识、广播、电子显示牌等，根据客票的发售情况、动车组的开行时刻等及时为旅客在站的集散提供信息和指引。

高速铁路车站内外客流的组织，由于城市规模和综合枢纽站内各种交通方式的引入条件、衔接和疏解方案等不同而不尽相同。国外高速铁路车站和地铁通过在空间上的错层设置，加上站外城市公交、出租车等的合理配置，能够使进站客流或出站客流得到较好的疏解。国内越来越多的城市也实现了高速铁路车站和地铁的衔接，城市公共交通的合理配置成为解决站内外客流及时疏散的途径，车站工作组织必须高度重视这一工作，主动和城市交通管理部门协调沟通，构建良好的交通网络体系。

高速铁路车站的各项日常工作环环相扣、互相关联，通过现代通信技术和车站信息管理系统，使各项工作有效地结合起来，形成有机整体。车站管理层和工作人员必须树立车站工作一体化的理念，建立定期的沟通交流机制，及时发现不足之处，改进不合时宜的工作制度、方法、技术手段等，保证高速铁路车站工作的高效率。

2. 人性化原则

在激烈的运输市场竞争中，提高服务质量、体现人性化的工作方式，是高速铁路车站工作组织需要遵循的原则之一。

1）购票方便

旅客购买车票的方便性是车站工作人性化的重要体现。高速铁路除了常规的车站窗口售票及客票代理点外，网上订票、自动售票机售票、电话预约及送票上门等也成为主要的客票销售方式，多种支付方式也得到了推广。高速铁路车站日常的售票工作要能够满足旅客及时方便地查询、订购、转签及退票等需求。此外，也可以根据旅客订票提前的时间，提供不同折扣的打折票，灵活运用价格政策满足不同层次旅客的需求。当然，扩大运输能力，有充足的票量供给是服务旅客的基本保证。

2）旅客换乘方便

旅客换乘的方便性也是体现车站工作人性化的重要方面。旅客在站换乘、旅客出站与其他交通方式的换乘等都是车站工作组织中的一环。旅客在站换乘，要根据动车组的不同发车时刻及开行跨线列车情况，通过车站的广播系统、指引系统等为旅客提供合适的信息；而旅客的出站换乘，车站应和城市交通系统进行有效衔接。旅客可根据自己的需要和爱好选择不同的换乘方式，能以最短的径路或最短的时间方便换乘，即各种交通方式相互协调、优势互补，共同承担枢纽内中转旅客的换乘任务，做到各种交通方式的乘客互为客源，使各种交通方式的发展相得益彰，体现人性化的一面。

日本新干线的车站与既有铁路、城市规划、城市轨道交通协调配合、合理衔接，使新干线车站成为地区交通枢纽；中间车站均与既有铁路共站设置，使旅客在既有线和新干线之间换乘方便；大城市的高速铁路车站，多与城市地铁、有轨交通、市郊列车共站合并设置。这些经验值得我国高速铁路借鉴。

3）进出站、上下车便捷

高速铁路车站的信息及广播等引导、指示系统能够为旅客进站、候车、上车、下车，以及出站等站内活动提供方便的信息，这也是高速铁路客运站体现人性化的一个方面。

4）公共设施先进，候车舒适

高速铁路车站要考虑到旅客在站的各种需要，设置人性化的公共设施设备，包括残疾人专用通道、厕所，设有残疾人专用控制面板和盲文的电梯，残疾人专用的售票机和售票台等。工作人员应体现以人为本的服务思想，为出行旅客提供各种帮助。

3. 智能化原则

高速铁路车站通过运用各种信息管理系统软件和硬件设施，与强大的接发列车能力相匹配，适应大流量、高密度、客流快速集散的需要，体现高速铁路的现代科技水平。客服信息系统集成了包括自动售检票系统、引导服务系统、车站信息管理系统、信息监控系统、对外信息发布系统等在内的大量现代化信息系统，经过精心设计和组织，实现系统之间的无缝衔接，发挥车站系统的整体效益，共同构建高速铁路客运站高质量的智能化旅客服务系统。

车站的日常工作和工作人员要具有以科技改变高速铁路客运服务水平的理念，不断改进车站的智能化水平，提高自身控制各种智能设备的能力，从而不断推动高速铁路技术和服务的提升。高速铁路车站作为城市的公共设施，也需要体现公共属性和商业属性，包括站前广场的绿化，景观设施建设和维护，站内外公益及商业广告的合理布置，便利超市、商店的设计等，需要树立以人为本、可持续发展的基本理念，充分展现车站建筑的功能性、系统性、先进性、文化性、经济性等，处处体现高速铁路车站现代化、人性化和智能化的一面，从而使其成为一座城市的标志性建筑之一。

4.1.5　高速铁路车站的旅客流线分析

旅客、车辆在站内的集散活动，产生一定的流动过程和路线，通常称为流线。车站流线从流动方向上可分为进站和出站两大流线。高速铁路车站由于不办理行包托运，从流线性质上可分为旅客流线和车辆流线。

铁路旅客车站历来把流线作为其设计构思的重点，而其建筑空间总体布局以各种流线为依据，以保证畅通和减少干扰为首要目标。

1. 进站旅客流线

旅客在不同时间内进站，办理各种乘车手续，因此旅客移动比较分散和缓慢，且性质不同，其流线也略有不同。

旅客进站的主要流程是：广场→售票大厅→售票处→候车大厅→（咨询处）→候车室→检票口→跨线通道→站台上车。

当然不是所有的旅客都会办理以上全部手续，预先购票旅客的流程是：广场→候车大厅→（咨询处）→候车室→检票口→跨线通道→站台上车。这种旅客较上一种旅客的在站停留时间相对更短。

2. 中转旅客流线

中转旅客流线比普通旅客流线简单，当列车到发时刻接续紧凑时，旅客可在相应站台直接换乘。其他中转旅客进入候车室休息，之后经检票口、跨线通道、站台上车。仅有少量的中转旅客下车后要出站，经咨询、办理中转签票或买票手续，然后再进入候车室。

3. 出站旅客流线

高速铁路旅客下车后，经跨线通道到出站检票口，通过出站大厅直接出站。有些有条件的高速铁路车站，旅客可以直接进入地铁、轻轨和公交车站。

出站旅客流线的特点是旅客集中、速度快、占用站房设备时间短，在站房布置上应保障出站旅客流线便利畅通，使旅客迅速出站或转乘。

4.1.6 高速铁路车站技术作业

1. 高速铁路车站技术作业的主要内容

高速铁路车站技术作业包括客运站车场及线路的专门化、动车组相关技术作业、接发列车等。需要进行列车运行调整时，调度所的列车调度员按其编制的调整计划进行调整，一般情况下不需要客运站做什么工作。我国高速铁路的行车指挥全面采用分散自律式调度集中设备，客运站接发列车作业也主要由调度所完成，车站仅在特定条件下暂时接管该作业的办理任务。一般情况下，高速铁路车站的技术作业相当简单，仅包括 CTC 条件下的接发列车、调车作业组织和动车组的相关技术作业。

2. 高速铁路车站办理的列车作业

高速铁路车站办理的列车作业按其在站作业方式的不同，主要分为始发列车作业、终到列车作业、通过列车作业、停站列车作业和立即折返列车作业。

对于仅办理高速列车到发的高速铁路车站，其办理的列车技术作业主要包括：动车组日常维护和检查，动车组车内设施维护及清洁，动车组的摘解和重联。

对于既办理高速列车到发又办理普速列车到发的高速铁路车站，其办理的列车技术作业除上述技术作业外，还需进行普速旅客列车的技术检查、列车上水、行包邮件装卸、机车的摘挂等技术作业。

3. 技术作业的时间标准

与车站技术作业相关的作业时间标准与车站的布局形式、设备等相关。作业时间分为两类：一类是车站技术作业时间；另一类是动车组在站停留时间。车站技术作业时间与车站平面布局和列车速度有关，计算时线路长度根据设计图确定，列车速度根据线路道岔和曲线确定。动车组在站停留时间按列车类别确定。

动车组在站停留时间主要考虑旅客乘降作业过程，包括旅客上、下车时间，打扫卫生时间及旅客座椅转向时间等。这些时间与运营方式有密切关系，甚至车厢结构对其也有显著影响。

旅客下车时间主要考虑车厢内旅客人数与每位旅客经过车门需要的时间，高峰时段按列车满员考虑，每车厢乘员 75 ~ 85 人，若每人经过车门时间为 3 s，则旅客下车占用时间为 3.75 ~ 4.25 min，考虑两端门同时打开，占用时间为 1.9 ~ 2.3 min。由于旅客上车后要寻找座位，走行通道不畅会引起时间延滞，旅客上车通常比下车要占用更多的时间，一般按比下车多 1 min 取值。

高速铁路列车最短折返停留时间为 8 min，一般立即折返为 12 ~ 15 min，入段折返停留为 4 min。根据这些指标，旅客下车需要 3 ~ 4 min，上车需要 4 ~ 5 min，还要考虑打扫卫生及座椅转向时间（一般为 4 min）。

4.1.7 高速铁路车站的行车作业组织

我国高速铁路采用分散自律调度集中系统（CTC）作为行车指挥设备。在正常情况下，铁路局调度员指挥高速铁路车站的日常行车和调车作业，自动排列列车及调车进路，车站主要负责客运作业和监视列车运行和调车，但遇到非正常情况，车站工作人员需要与调度人员一起共同完成相关的接发列车和调车作业。

调度集中控制车站（以下简称“集控站”）设应急值守人员，应急值守人员由具有车站值班员职名的人员和电务信号人员担任。

1. CTC 车站行车人员的主要工作

CTC 车站行车人员——应急值守人员在车站行车监控室（设有调度集中车站控制终端的处所）值守，应急值守人员除完成规定的巡视检查、维护工作外，还应在集控站行车监控室参与值守工作。具体值守工作制度各铁路局有一定的差异。CTC 集控站的行车工作由列车调度员办理，司机等相关人员直接向列车调度员报告有关行车工作。集控站转为车站控制时，根据列车调度员指示，由车务应急值守人员担当车站值班员，指挥车站有关行车工作。分散自律调度集中系统具备分散自律控制和非常站控两种模式。分散自律控制模式是通过调度集中设备，实现进路自动和人工办理的模式；非常站控模式是当调度集中设备故障、发生危及行车安全的情况或行车设备施工、维修需要时，脱离调度集中系统控制转为车站联锁控制台人工办理的模式。

在分散自律控制模式下，车站应急值守人员接到或发现危及行车安全的情况时，应立即按下非常站控按钮转为非常站控模式，并及时报告列车调度员。处理完毕后，根据列车调度员的指示转回分散自律控制模式。

车站由分散自律控制模式转为非常站控模式时，根据列车调度员指示，由车站车务应急值守人员担当车站值班员，根据列车调度员指示，车站车务应急值守人员负责办理以下行车作业。

（1）向司机、运转车长等相关人员递交书面调度命令。

（2）组织相关人员现场准备进路。

（3）组织相关人员对故障设备进行检查、确认。

（4）对站内到发线停留车辆的防溜措施进行检查、确认。

（5）在特殊情况下与司机办理故障车、事故车有关随车运输票据和回送单据的交接、保管工作。

（6）组织应急救援，完成信息传递和其他需现场了解、检查确认的工作。

2. 高速铁路车站接发列车作业组织方法

接发列车工作是车站工作组织的重要内容，也是保证列车按运行图安全正点运行、保证铁路畅通的关键环节。由于接发列车工作涉及的人员多，作业环节复杂，任何疏忽或差错都可能造成列车晚点或行车事故，其影响会波及其他列车或车站，甚至影响运输全局。因此，接发列车是全局性的工作，局部必须服从整体。有关人员必须严格执行作业程序和操作方法，贯彻落实规章制度，严格按作业标准作业，确保安全、迅速、准确、不间断地接发列车，严格按图行车。

分散自律调度集中区段，有关行车工作由该区段列车调度员直接指挥。在分散自律控制模式下，车站联锁控制台不起作用；在非常站控模式下，系统的车务终端不起作用。接发动车组列车须执行“五固定”，即固定接发车进路、固定到发线、固定站台、固定停车位置及固定接发车人员。

1）分散自律控制模式下车站接发列车作业组织方法

动车组列车开车前，司机要选定机车综合无线通信设备通信模式和运行线路，确认机车综合无线通信设备和 GSM－R 手持终端的车次号及机车号注册成功，关闭非操控端司机室机车综合无线通信设备电源。

动车组列车由列车长确认旅客上下车完毕后，通知司机关闭车门；列车到站停稳后，司机必须确认对准停车位置后开启车门。按钮不在司机操作台上的，由列车长通知随车机械师关闭车门；列车到站停稳后，由随车机械师开启车门。如自动开关门装置故障，由司机通知列车工作人员手动开关车门。动车组列车司机在确认行车凭证和开车时间并关闭车门后，即可起动列车。

出站信号开放或进入区间行车凭证已交付，如需取消发车进路，列车调度员应与司机联系，确认列车尚未起动后，再取消发车进路。

动车组列车应按运行图规定的股道接发或通过。遇特殊情况需调整时，由列车调度员在列车运行调整计划中进行。需人工排列进路时，通过 CTC 操作终端进行操作。动车组列车通过车站时，须提前停止通过进路上的其他作业和对列车运行安全有影响的作业，提前时间由铁路局规定。

高速铁路车站与相邻非调度集中控制的车站间办理接发列车，通过 CTC/TDCS 自动办理发车预告、报点。遇无法办理自动预告、报点时，由列车调度员与非调度集中控制的车站值班员共同人工办理发车预告、报点。

2）非常站控模式下接发列车作业组织方法

（1）非常站控模式下的行车组织基本要求。

调度集中区段应保持在分散自律控制模式下，由调度中心对区段内的信号设备进行集中控制，对列车运行直接进行指挥和管理。但遇到下列情况，调度集中系统可转为非常站控模式：调度集中设备故障；行车设备施工、维修作业需要；发生危及行车安全的情况。

遇危及行车安全，车站将 CTC 转为非常站控模式时，车务应急值守人员须立即向列车调度员汇报，并将危及安全的情况一并汇报，听取（接收）列车调度员的指示（调度命令）。按列车调度员指示转为非常站控模式时，车务应急值守人员须向列车调度员了解转换控制模式的原因，掌握有关注意事项；与列车调度员核对与本站有关的调度命令、列车运行计划（是否办理客运业务、接车股道），掌握调度命令、列车运行计划执行情况；问明邻站控制模式，确认办理相关行车手续的对象。

（2）非常站控模式下的接发列车作业。

①非常站控模式下的车站与分散自律控制模式下的相邻两站间办理接发列车作业时，由车务应急值守人员与邻站办理预告闭塞手续。

邻站调度集中系统根据列车运行调整计划自动向非调度集中车站和非常站控车站发送预告请求，车务应急值守人员同意接车时，调度集中系统自动排列该次列车的发车进路，开放出站信号；不同意接车时，调度集中系统严禁排列该次列车的发车进路和开放出站信号，并向调度员报警，调度员与车务应急值守人员电话联系确认。

②非常站控车站与分散自律控制模式下的车站已办妥列车预告手续，需要取消预告时，必须与列车调度员联系，取得列车调度员的同意后，方可取消预告。调度员对采取非常站控模式的车站已办妥的列车预告需要取消时，必须通过电话与车务应急值守人员联系，取得车务应急值守人员的同意后方可取消预告，并按照列车运行调整计划向车站重新下达阶段计划。

③动车组列车在不得已的情况下必须在区间退行时，列车调度员须扣停后续列车，并确保退行距离内的闭塞分区空闲。随车机械师或指派的胜任人员应站在列车尾部司机室注视运行前方，发现危及行车或人身安全的情况时，应立即通知司机停车。司机选择隔离模式退行，退行速度不得超过 15 km/h。

4.1.8　高速铁路车站的调车作业组织

高速铁路车站的调车作业包括动车组出入段、重联与摘解、动车组转线等作业。车站调车作业由助理调度员担当调车领导人。设有车站值班员或由分散自律控制模式转为非常站控模式的车站的调车作业，由车站值班员担当调车领导人。动车组进行调车作业时，列控车载设备应置于调车模式。

在未设调车信号机的车站或线路上须越出站界进行调车作业时，由列车调度员办理列车进路，并点亮相应的进、出站信号机，司机根据列车调度员的调度命令和进出站信号机的显示进行调车作业。出站时，开放出站信号机、按完全监控模式运行或开放出站引导信号机、按引导模式运行；进站时，开放进站信号机，按目视行车模式运行。调车时最高运行速度不超过 40 km/h。

动车组调车作业原则上采用自走行方式。动车组禁止连挂其他机车车辆调车（救援、附挂回送过渡车及动车组无动力调车时的调车机除外），禁止向动车组停留线路溜放调车和手推调车。

调车作业时，司机应在动车组运行方向的前端操作。在不得已情况下必须在后端操作时，应指派随车机械师或其他胜任人员站在动车组运行方向的前端指挥，发现危及行车或人身安全的情况时，应立即通知司机停车。后端操作时，动车组运行速度不得超过 15 km/h。动车段（所）设动车组调车司机，负责动车组在动车段（所）内调车、试运行等调移动车组作业。

进行机车调车作业时，随车机械师或动车段（所）胜任人员负责过渡车钩、专用风管和电气连接线的连接和分解并打开车门，调车人员负责车钩摘解、软管摘结。动车组调车作业遇调车信号不能开放时，调车领导人须在调车进路准备妥当后，通知司机进行调车作业。

站内动车组列车重联时，前车应关闭驾驶台，列控车载设备转为待机模式，后车使用调车模式与前车连接。站内摘解动车组列车时，重联列车在车站股道停车后，通过转换为调车模式可以将其分解为两列车。

4.2 高速铁路车站到发线运用

车站的主要技术工作之一是按照列车运行图的规定，准点、高效、无冲突地完成接发列车和方便旅客乘降。到发线运用作为车站作业计划的核心工作之一，其运用涉及站场布局、旅客人身安全、旅客乘降等众多因素，是接发旅客列车、完成旅客乘降的重要设备。为了保证车站接发车工作的顺利进行及列车运行的安全，必须做好车站各作业之间及与到发线作业间的协调工作。

高速铁路到发线运用的质量直接决定高速铁路车站作业效率，也是整个运输网络通畅的保障。尤其是在列车密集到发的高峰时段，合理安排列车占用到发线，提高列车作业的抗干扰性，减少咽喉区的进路冲突干扰，保证接发列车的准点性和方便旅客是高速铁路车站工作组织的难点。

4.2.1 高速铁路车站到发线运用的原则

为保证车站作业安全和有效使用车站技术设备，应根据客运站的客运行车量、到发线数、咽喉区道岔的排列方式和客运组织工作的要求等技术作业特点制定到发线运用计划，在合理运用高速铁路车站到发线时，必须考虑以下几点。

（1）一条到发线同时只能接发一列列车，列车一旦占用某条到发线，至该列车离去为止，列车同一时间只能占用车站多条到发线中的一条。

（2）同一到发线接发的相邻列车时间间隔要满足最小间隔时间的要求；对于占用不同到发线的相邻列车之间，如没有平行进路，也要满足占用不同到发线列车之间的最小安全时间间隔，减少列车之间的交叉干扰。

（3）紧凑、均衡使用车站到发线，安排到发线时，应充分利用每一条线路的能力，尽量减少空费时间，但也要注意各到发线作业之间的均衡，使每条到发线有一定的能力富余，以便于运行调整。

（4）为方便旅客出行，应根据列车的等级和种类，尽量使列车停靠在离基本站台近的到发线，减少旅客在车站内的走行距离和走行时间。

（5）固定使用到发线。有旅客上下的列车必须安排其使用有站台的到发线，需对车场及线路进行专门化规定，上下行列车应使用各自的到发线，便于车站工作人员熟悉各次列车的到发线使用方案，以提高工作效率和服务质量。

（6）满足接发列车需要：一方面，车站到发线由于具体位置与设备不同，到发线之间的用途有一定区别；另一方面，在车站作业的列车由于等级、停站方式不同，对到发线的要求也不同。因此，安排接发车股道时，必须检查到发线的设备与分工是否满足列车的各项技术作业需要，如到发线的长度是否能够满足列车占用到发线作业的要求。

4.2.2 列车占用到发线时间分析

对于停站列车，占用到发线的时间是由进出站时间和停站时间组成的，通过列车可以视为停站后再出发列车。列车在接发车作业过程中，从列车准备进路时刻开始，到发线实际上就已经被预先占用，直至列车离开到发线所在轨道电路为止，这一段时间为列车占用到发线的时间。因此，旅客列车占用到发线的时间由两部分组成：一是列车在到发线的停留时间，不同类型和性质的列车在到发线办理作业的时间长度不相同，其作业时间取值由列车在站办理的客运作业与行车技术作业决定；二是咽喉区进路的作业时间，其与列车的长度、列车的控制方式、进站速度（受咽喉道岔号码限制）及进路的长度有关。

1. 列车占用咽喉区进路时间

列车占用咽喉区进路的时间由列车的等级、列车在车站的作业类型、列车长度、咽喉区进路长度、列车接入（或出发）的进（或出）站速度等因素综合确定。列车占用咽喉区某个道岔的时间还需要考虑列车进路的解锁方式是一次解锁还是分段解锁。如果车站采用分段解锁的方式，可以有效利用车站设备，缩短列车对车站轨道电路的占用时间。列车占用咽喉的时间根据列车在站技术作业过程的不同，分为接车、出发、通过及动车组出入段占用时间等。

1）接车占用咽喉区时间

接车占用咽喉区时间是指从开始准备接车进路时刻起，至列车进入到发线警冲标内方停车时止占用咽喉区的时间。接车占用咽喉区时间按照下式计算。

$$t_{接} = t_{准} + t_{进}$$

式中：$t_{准}$——准备接车进路及开放信号时间，min；

$t_{进}$——列车以平均速度 $v_{进}$ 通过接车进路的时间，即自接车进路开始准备至咽喉区进路解锁为止的时间，min。

$$t_{进} = 0.06 \times \frac{L_{进}}{v_{进}} = 0.06 \times \frac{l_{确} + l_{制} + l_{进} + l_{列}}{v_{进}} (\text{min})$$

式中：$L_{进}$——列车进站距离，m；

$l_{进}$——司机确认信号所走行距离，m；

$l_{确}$——列车制动停车距离，m；

$l_{制}$——由进站信号机至咽喉区轨道绝缘节（分段解锁）或到发线警冲标为止的距离，m；

$l_{列}$——列车长度，m；

$v_{进}$——列车进站的平均速度（因信号、联锁、闭塞设备不同而有所差异），km/h；

0.06——km/h 为 m/min 的换算系数。

2）列车出发占用咽喉时间

列车出发占用咽喉时间是指自准备发车进路时起，至列车腾空线路时止，占用车站咽喉区进路时间。列车出发占用咽喉区时间按下式计算。

$$t_{发} = t_{准} + t_{出}$$

式中：$t_{出}$——自发车进路准备完、列车起动时刻起，至列车尾部离开最外方道岔或道岔联锁区段轨道绝缘节时刻止所占用咽喉区的时间，min。

$$t_{出} = 0.06 \times \frac{L_{出}}{v_{出}} = 0.06 \times \frac{l_{列} + l_{出}}{v_{出}} (\text{min})$$

式中：$L_{出}$——列车出站距离，m；

$v_{出}$——列车平均出站速度，km/h；

$l_{出}$——从出站信号机起至发车进路最外方道岔或咽喉区轨道绝缘节止的距离，m。

3）不停站通过列车占用进路时间

不停站通过列车不需要在到发线停留，直接以速度 $v_{通}$ 通过车站，占用的进路包括咽喉区道岔和到发线。占用时间指从开始准备接车进路时起，直至列车尾部离开最外方道岔或咽喉区轨道绝缘节（分段解锁）时止所占用的时间，不停站通过列车占用进路时间由下式计算：

$$t = t_{准} + 0.06 \times \frac{l_{确} + l_{通}}{v_{通}}$$

式中：$l_{通}$——不停站通过列车自列车确认进站信号机起至列车尾部离开最外方道岔或咽喉区轨道绝缘节时止的距离，m；

$v_{通}$——列车不停站通过车站的平均速度，km/h。

4）动车组出入段占用时间

动车组出入段占用时间指从列车准备转入（或转出）进路时刻起，至咽喉区进路分段解锁离开该咽喉区进路解锁时刻止，占用车站咽喉区的时间，可以根据《车站行车工作细则》的规定查定。

2. 到发线停留时间

列车在到发线的停留时间与列车在车站的作业性质和车站上下车旅客量有关。

对于始发和终到列车，为了缩短列车在车站的停留时间，列车的上下水、列车清洁、餐具清理、物品供应、废物处理等一般在动车段进行，到发线作业一般不包括这几项作业内容。而对于停车的动车组列车，在运行过程中只进行旅客上下客运服务作业，不进行与列车有关的技术作业，动车组停留时间不需要考虑这几项。折返列车需要在到发线上进行上下水处理、餐具清理等作业，部分作业可与旅客上下车平行作业，以缩短列车在到发线的停留时间。高速铁路车站的列车到发线停留时间主要由旅客上下车的时间确定。

旅客上下车的延续时间由下式计算。

$$t_{上} = t_{上车} \, a m_{满} / (60 m n) + \beta$$

$$t_{下} = t_{下车} \, a m_{满} / (60 m n) + \beta$$

式中：$t_{上车}$——每位旅客上车进入车厢的时间，s；

$t_{下车}$——每位旅客在下车时走出车厢的时间，s；

a——车辆定员人数，人；（各个国家根据客流量的大小不同，开行的动车组中每辆客车定员人数一般不相同。日本新干线动车组平均每辆车载客量为83人；法国的TGV动车组和德国的ICE动车组平均每辆车的载客量约50人；为满足我国的运输需要，我国平均每辆动车组载客量约80人。一般长编组列车为16辆，短编组列车为8辆。）

$m_{满}$——车厢满员率，取值小于或等于1；

m——每个车门可以同时通过旅客的人数，一般为1人；

n——上下车时每节车厢同时打开的车门数，动车组为加快旅客上下车速度，n取2；

β——动车组出发或动车组入段须提前停止旅客上下车的时间，取1～2 min。

为提高列车的服务质量，迅速组织旅客进站和旅客乘降，需改进车站的工作组织，在站台设置准确、醒目的引导标识，使旅客能够方便、迅速地找到与车厢号对应的车门位置，使旅客能够在最短的时间内上车。

3. 到发线占用时间

由以上分析可以看出，高速铁路列车占用车站到发线时间一般由三部分组成，即占用车站两端咽喉区时间与在到发线停留时间。停站通过列车占用到发线时间包括列车进站占用时间、在站停车客运作业时间和出站占用时间；始发列车占用到发线时间包括动车组转入占用时间、在站客运作业时间和出站占用时间；终到列车占用到发线时间包括列车进站占用时间、在站客运作业时间和动车组转出额外占用时间。

列车占用到发线的时间由下式计算。

$$t_{站通} = t_{接} + t_{通停} + t_{发}$$

$$t_{占折} = t_{接} + t_{折停} + t_{发}$$

$$t_{占终} = t_{接} + t_{终停} + t_{入段}$$

$$t_{占始} = t_{出段} + t_{始停} + t_{发}$$

式中：$t_{接}$，$t_{发}$——列车接、发车占用到发线时间，min；

$t_{入段}$，$t_{出段}$——列车出、入段占用咽喉区进路时间，min；

$t_{通停}$，$t_{折停}$，$t_{终停}$，$t_{始停}$——列车在到发线的停留时间（通过、折返、终到、始发列车占用到发线时间），min。

由于列车速度等级、车站客流量、客运站组织方式、咽喉区的进路长度等存在差异，各个车站所占用的到发线时间会随着条件变化而变化。

4.3　高速铁路车站通过能力计算

4.3.1　车站通过能力概述

高速铁路车站通过能力是在车站现有设备条件下，采用合理的车站工作组织方法，一昼夜能够接发各方向的旅客列车数量。车站通过能力由咽喉通过能力和到发线通过能力两部分共同决定。计算车站通过能力的目的主要有以下几点。

（1）确定新建车站的通过能力，检查其是否能够满足设计年度客运量的需求。

（2）查明车站通过能力的利用情况，根据运量增长的需要，有计划地进行车站的改建、扩建工作。

（3）找出车站设备和作业组织中的薄弱环节，挖掘潜力，提高运输效益。

（4）查明车站各项设备间及车站与区间通过能力是否协调，以便制定改进措施。

车站现有设备配置是影响车站能力的决定性因素；车站工作组织方法决定了车站工作的质量和效率，是充分发挥车站设备能力的保证；车站的列车到达流量情况是车站工作组织的外部条件。要使高速铁路车站能力尽可能得到发挥，必须使车站设备和车站工作组织协调优化。

4.3.2 影响车站通过能力的因素分析

高速铁路车站通过能力的影响因素可从设备的影响及运输组织方式的影响两个方面进分析。

1. 设备配置对车站通过能力的影响

1）咽喉区设备

首先，咽喉区平行进路的数量决定着咽喉区的最大平行作业数量，直接影响站场繁忙时段的接发车能力，在咽喉区的设计中，应该根据不同的站场类型、车站条件及行车量，确定与之相适应的平行进路数量；其次，咽喉区进路的通达性影响着车站各项作业的机动性与灵活性，也决定着车站各项作业能否顺畅进行，对车站通过能力有着不可忽视的影响；最后，咽喉区长度影响了列车作业占用咽喉区的时间，使咽喉区布置紧凑，尽量缩短接发列车、调车等的作业行程，是提高车站通过能力的有效手段。

2）到发线设备

到发线数量直接决定了可以同时在车站停靠的列车数量，是影响车站通过能力的主要因素。一般来说，在车站咽喉通过能力足够的情况下，车站到发线数量越多，车站的能力越大。车站的到发线数量需与通过车站的列车对数、类型及列车到达的密集程度相适应。衔接方向多、区间线路条件好、列车到发对数多的车站需要更多的到发线才能满足运能需求。同时，由于车站布置图类型不同，线路使用方案可能也不同，也影响着车站所需的到发线数量。

2. 运输组织条件对车站能力的影响

在相同的车站设备情况下，运输组织方式及车站车流状况的变化将对车站能力造成不同程度的影响，此方面的影响主要包括以下方面。

1）列车作业过程和作业时间

列车在站作业的过程决定了列车在车站所需占用的设备，而作业时间决定了列车占用车站设备的时间。

2）到发线运用方案

车站到发线运用方案是车站到发线用于停靠不同种类、不同方向列车的在站停靠使用分工方案。车站到发线运用方案影响着车站整体通过能力，车站衔接方向的数量与形式及车站咽喉布置形式等影响着到发线运用方案的确定。车站的到发线分工方案分为固定线路用途与不固定线路用途两种，在制订到发线运用方案时需要保证其有利于保证行车作业安全及行车技术作业，方便旅客乘降，高效利用车站各种行车技术设备。

3）车站列车对数

当列车对数达到一定水平时，车站设备能力将达到一个饱和的相对平衡状态，此时车站通过能力已达到最大，若要适应更大的列车办理能力，增加车站通过能力，则必须对车站固定设备进行改造、扩建。

4）列车作业性质

车站办理的列车作业主要包括始发、终到、通过、折返等，不同作业的列车在站技术作业过程不同，作业程序及占用设备时间也各不相同，从而影响着车站的实际通过能力。在运输组织过程中，应根据不同的列车作业性质制订适合的车站作业计划，以充分发挥车站既有设备的能力。

5）列车到发的不均衡性

高速铁路车站列车在高峰时间段的集中到发，以及其他列车非均衡到达会对车站通过能力带来很大影响，造成高峰时段能力紧张，非高峰时段能力虚糜，且不均衡性越大，能力虚糜越严重。

4.3.3　车站通过能力计算

1. 车站通过能力计算方法

在计算车站通过能力方面，国内外总结了直接计算法、利用系数法、利用率法、图解计算法、计算机模拟法等计算方法。

1）直接计算法

直接计算法是通过统计和概率论的方法得到每列车在车站的到发作业占用某项设备的平均时间，再通过公式计算得出设备的通过能力，直接计算法的一般计算公式为：

$$N = (1\,440 - t_{固}) / t_{占}$$

式中：$t_{占}$——每列车到发作业占用某项设备的平均时间；

$t_{固}$——到发线固定作业时间，如维修作业时间，这部分时间需从到发线的可用时间中扣除。

2）利用系数法

利用系数法首先确定非固定作业和固定作业占用各道岔组的时间T，然后确定咽喉道岔利用系数$K_{咽}$，在上述基础上，按最大负荷道岔组确定咽喉道岔通过能力，利用系数法的计算公式为：

$$N_{咽} = \sum_{i=1}^{n} \sum_{j=1}^{k} \frac{T_{ij}}{K_{咽}}$$

式中：T_{ij}——从j进路经咽喉通过的第i列车所占用的时间；

n——列车数；

k——车站进路数；

$K_{咽}$——咽喉道岔利用系数。

上述两种方法理论上较为成熟，但是在操作上要涉及诸多参数，例如考虑咽喉区非敌对作业同时发生系数 ϕ_1、考虑到在有三条及以上平行进路的咽喉区同时进行互不干扰的作业时的修正系数 ϕ_2、考虑道岔在利用上的时间损失系数 $a_{咽}$ 等，需根据咽喉区不同的设备和作业情况取经验值，参数选用较困难。

3）利用率法

利用率法是我国广泛采用于到发线通过能力计算、咽喉区通过能力计算等的一种计算方法，其一般计算公式是：

$$K = \frac{\sum_{i=1}^{n} t_{占i}}{1\,440 - t_{固}}$$

式中：K——车站某项设备的利用率；

$T_{占i}$——第 i 列车占用设备的时间；

$t_{固}$——到发线固定作业时间，如维修作业时间，这部分时间需从到发线的可用时间中扣除。

这种方法只能求出车站某项设备通过能力的概率平均值，数据无法完全反映客观情况，尤其是在计算咽喉通过能力时。首先，其选定的咽喉道岔很难达到合理标准，其次，车站咽喉是固定设备，在一定条件下其设备能力是确定的，而利用率计算法的结果是不确定的。

4）图解计算法

图解计算法是根据车站相邻区段的列车运行图、车站技术设备的固定使用方案、车站技术作业过程和作业时间标准等有关资料，绘出车站一昼夜或繁忙时段车站作业图表，以求得车站各项设备的通过能力。

这种计算方法的特点是能把区间和车站各项技术设备作为一个统一的整体来求得车站的通过能力，较分析法更符合实际，但新建车站因缺少原始资料而无法采用。

5）计算机模拟法

计算机模拟法分很多种，比较常用的是以排队论为理论基础，以计算机模拟为基本手段，将列车各项作业过程作为一个相互关联的排队系统，模拟输出车站通过能力有关参数的回归方程，然后计算出既有车站的能力。另一种是以网络优化技术为理论基础，并辅以计算机可视化技术，在确定咽喉通过能力方面可以提供比较可靠的数据。

2. 咽喉区通过能力计算方法

咽喉区通过能力有两个不同概念：其一是咽喉道岔组通过能力，指在合理固定到发线使用方案及作业进路条件下，某方向接发车进路上最繁忙的道岔组一昼夜能够接发该方向列车数，其目的是检算区间通过能力与车站咽喉区通过能力是否协调；其二是车站咽喉区通过能力，指车站某咽喉区各方向接发车进路咽喉道岔组通过能力之和，其目的是检算车站咽喉区通过能力与到发线能力是否协调。

车站咽喉区通过能力计算目前一般采用利用率法。咽喉区利用率可采用如下公式计算。

$$K_{咽喉} = \frac{T - \sum t_{固}}{(1\,440 - t_{天窗} - \sum t_{固})(1 - \gamma)}$$

式中：T——咽喉道岔区一昼夜被占用的总时间，min；

$\sum t_{固}$——与旅客列车作业无关的其他作业所占用的时间，min；

$t_{天窗}$——综合维修天窗时间，min；

γ——咽喉区空费系数。

1）车站各衔接方向咽喉区通过能力

由利用率可计算各咽喉区能办理的每一方向不同速度列车数。

$$N_A = \frac{n_A}{K_{咽喉}}$$

$$N_B = \frac{n_B}{K_{咽喉}}$$

式中：n_A，n_B——实际某一方向一昼夜办理的 A 类和 B 类列车数；

N_A，N_B——最多可办理的 A 类和 B 类列车数，列。

2）车站咽喉区通过能力

接车：

$$N_{接} = \sum (N_{A接} + N_{B接})$$

发车：

$$N_{发} = \sum (N_{A发} + N_{B发})$$

式中：$N_{接}$，$N_{发}$——接车和发车能力；

$N_{A接}$，$N_{B接}$，$N_{A发}$，$N_{B发}$——A 类和 B 类列车的接车和发车能力。

3. 到发线通过能力计算方法

到发线通过能力是指能办理列车到发作业的线路，采用合理的技术作业过程和线路使用方案，一昼夜能够接发的列车数量。使用利用率法计算到发线通过能力的方法步骤如下。

到发线占用总时间可由下式得到：

$$T = n_{始} \times t_{始} + n_{终} \times t_{终} + n_{通} \times t_{通} + \sum t_{固}$$

式中：$n_{始}$，$n_{终}$，$n_{通}$——始发、终到、通过作业一昼夜占用到发线总次数；

$t_{始}$，$t_{终}$，$t_{通}$——始发、终到、通过作业占用到发线时间标准。

1）到发线通过能力利用率计算

$$K_{到发} = \frac{T - \sum t_{固}}{(1\,440M - Mt_{天窗} - \sum t_{固})(1 - \gamma')}$$

式中：M——到发线数量；

γ'——到发线空费系数。

2）到发线通过能力计算

$$N_A^d = \frac{n_A}{K_{到发}}$$

$$N_B^d = \frac{n_B}{K_{到发}}$$

式中：N_A^d，N_B^d——到发线办理 A 类和 B 类列车的能力，列。

【实训】

高速铁路车站作业组织

【实训目标】

(1) 能够掌握高速铁路车站作业组织的概念。

(2) 能够掌握高速铁路车站到发线运用、高速铁路车站通过能力计算技能。

(3) 培养初步的自主学习能力。

【实训内容与要求】

第一步：由教师介绍实训的目的、方式、要求，调动学生实训的积极性。

第二步：对学生进行分组，确定各小组的组长和人员分工。

第三步：由教师介绍高速铁路车站作业组织知识并宣布讨论的问题。

第四步：各小组对教师布置的问题进行讨论，并记录小组成员的发言。

第五步：根据小组讨论记录撰写讨论小结。

第六步：各小组相互评议，教师点评、总结。

【实训成果与检测】

成果要求：

(1) 提交案例讨论记录：3～5 名学生为 1 组，设组长 1 人、记录员 1 人，每组必须有小组讨论、工作分工的详细记录，以作为考核成绩的依据。

(2) 能够在规定的时间内完成相关的讨论，撰写小结。

评价标准：

(1) 上课时积极与教师配合，积极思考、发言。

(2) 认真阅读案例，积极参加小组讨论，分析问题思路较宽。案例分析基本完整，能结合所学理论知识处理问题。

(3) 小组成员积极参与小组活动，团队分工合作情况较好。

项目 5

高速铁路调度指挥

【知识目标】

- 了解高速铁路调度指挥的作用；
- 掌握高速铁路调度组织机构及职责；
- 了解国外高速铁路调度指挥系统。

【技能目标】

- 能够根据高速铁路计划调度规定完成相关工作；
- 能够根据高速铁路列车调度规定完成相关工作；
- 能够根据高速铁路动车组调度规定完成相关工作；
- 能够根据高速铁路列车运行调整规定完成相关工作。

【学习重点及难点】

- 学习重点：高速铁路调度指挥的作用、高速铁路调度组织机构及职责、国外高速铁路调度指挥系统。
- 学习难点：高速铁路计划调度、高速铁路列车调度、高速铁路动车组调度、高速铁路列车运行调整。

【本章知识结构图】

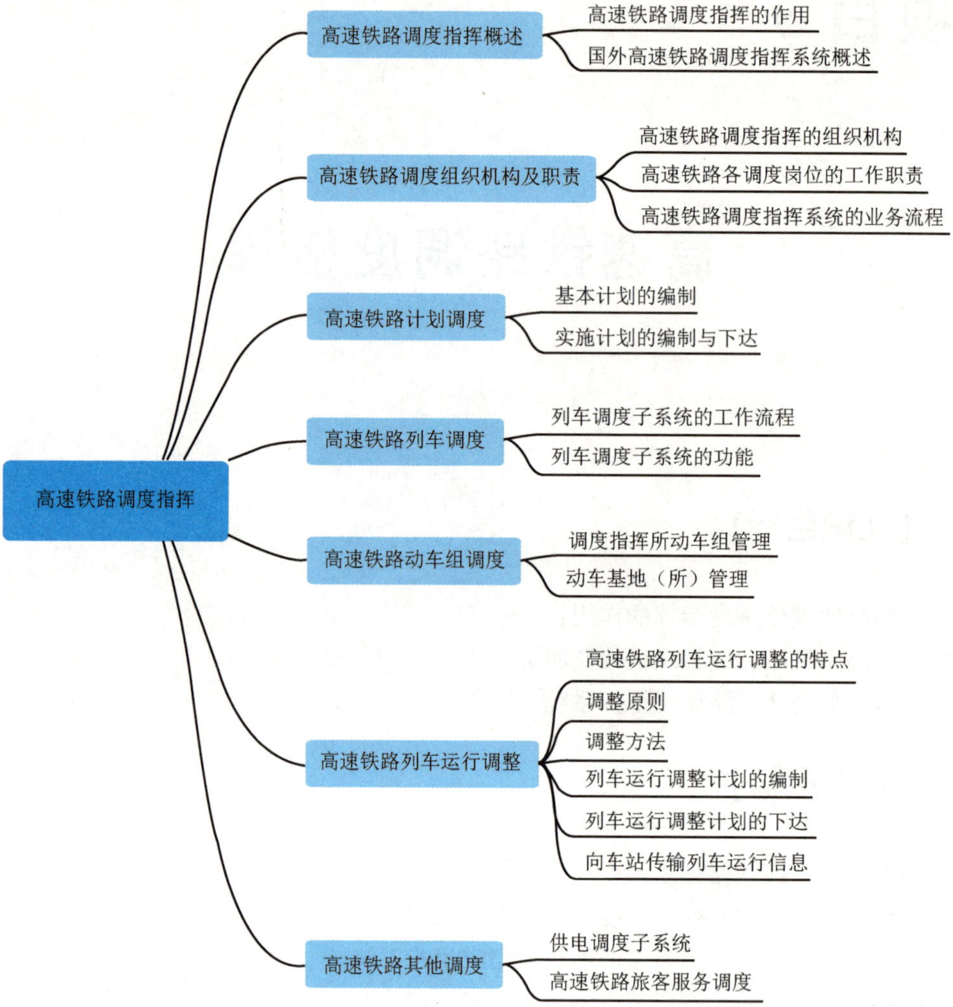

- 高速铁路调度指挥
  - 高速铁路调度指挥概述
    - 高速铁路调度指挥的作用
    - 国外高速铁路调度指挥系统概述
  - 高速铁路调度组织机构及职责
    - 高速铁路调度指挥的组织机构
    - 高速铁路各调度岗位的工作职责
    - 高速铁路调度指挥系统的业务流程
  - 高速铁路计划调度
    - 基本计划的编制
    - 实施计划的编制与下达
  - 高速铁路列车调度
    - 列车调度子系统的工作流程
    - 列车调度子系统的功能
  - 高速铁路动车组调度
    - 调度指挥所动车组管理
    - 动车基地（所）管理
  - 高速铁路列车运行调整
    - 高速铁路列车运行调整的特点
    - 调整原则
    - 调整方法
    - 列车运行调整计划的编制
    - 列车运行调整计划的下达
    - 向车站传输列车运行信息
  - 高速铁路其他调度
    - 供电调度子系统
    - 高速铁路旅客服务调度

5.1 高速铁路调度指挥概述

5.1.1 高速铁路调度指挥的作用

高速铁路调度指挥是高速铁路运营管理和列车运行控制的中枢。调度工种分为列车调度（员）、计划调度（员）、动车调度（员）、动车司机调度（员）、供电调度（员）、客服调度（员）和综合设施调度（员）等。高速铁路综合维修计划由施工调度室负责。

高速铁路调度指挥担负着组织、指挥高速铁路列车运行和日常生产活动的重要任务，是保证高速铁路安全、正点、高效运行的现代铁路控制与管理系统，其涉及铁路运输组织、通信信号、牵引供电、安全监控、综合维护等诸多专业技术，并具备计划制定、计划调整、行车指挥、设备控制、设备监测、环境监测、设备维护等高速铁路列车运行管理的主要功能。其支撑技术包括计算机、网络通信、数据库、软件工程、系统控制、系统安全防护、智能决策等。高速铁路运营调度系统是一个复杂的包括实时控制系统和信息系统的综合系统。这就需要高速铁路调度指挥系统在纵向层级、横向专业子系统、不同调度所之间，以及与既有线调度指挥系统间在组织架构、功能设置、协同控制、信息交互与共享等方面产生协同效应，以满足高速铁路安全、正点、高效地运行的要求。

高速铁路调度指挥系统的高复杂性和智能性使得高速铁路调度指挥系统的组成要素多、要素间关联程度复杂。同时，相比其他拥有高速铁路的日本、韩国和一些欧洲国家，我国幅员辽阔，气候多变，地形及地质条件复杂，这就意味着我国高速铁路具有更为复杂的运输环境，从而导致影响高速铁路调度指挥系统安全可靠的因素众多，调度指挥决策过程、列车运行过程及调度指挥系统存在的风险性大。高速铁路调度指挥系统能够准确辨识各类影响调度指挥、决策及行车安全的风险因素，把握高速铁路调度指挥系统风险演变的规律，实现高速铁路调度指挥系统风险预警及风险控制，确保高速铁路运营安全、实现高速铁路调度指挥系统的智能化决策及风险管理。

高速铁路调度指挥系统是一个安全、高效地管理与控制高速铁路全线及整个路网的系统。高速铁路调度指挥系统是充分发挥高速铁路运输效能，协调铁路运输各部门工作，确保高速铁路行车安全和优质服务的基础。

5.1.2　国外高速铁路调度指挥系统概述

高速铁路调度指挥系统涉及运输组织、机车车辆、通信信号、供电、安全监控、维护救援、旅客服务等多个方面。目前国外高速铁路调度指挥系统基本分为三种类型：第一类是以日本为代表，通过构建各专业综合调度指挥系统以适应高速铁路的特点和需求；第二类是以德国为代表，其调度指挥系统是以地区为中心建立调度控制中心，而不是以高速线为中心；第三类是以法国和西班牙为代表，以线路为目标建立控制中心。

1. 日本高速铁路调度指挥系统

日本新干线调度指挥系统的构建适应该国高速铁路运行的特点，充分考虑了高速行车所伴随的高风险性及行车安全对调度指挥系统的依赖性，把列车正点运行作为工作核心，构建了集各专业功能为一体的综合调度指挥系统。该系统以运输计划为龙头，综合了与行车有关的各方面的内容，使整个调度指挥系统全面协调地工作。日本新干线按线（东海道山阳）和区域（东日本铁路公司）分别设置单独的调度指挥系统，无国家级统一调度指挥中心；东海道山阳新干线与既有线完全独立，调度指挥系统也完全独立，并设立了备用中心；东日本铁路公司的部分高速列车下既有线运行（改造既有线，在既有线上列车运行速度较低），其调度指挥系统与既有线调度指挥系统相互协调；基于对可靠性、实时性、安全性等的不同要求，各子系统采用不同网络通道相连接。

日本高速铁路调度指挥系统是典型的综合型指挥系统。东海道、山阳新干线调度指挥采用的计算机辅助控制系统（computer aided traffic control，COMTRAC），是1964年东海道新干线开通时采用的，调度指挥中心设在东京，在大阪设置了备用中心，以防止地震等自然灾害导致调度指挥系统瘫痪。1995 年 11 月，日本铁路部门将东北、上越、北陆新干线各子系统进行整合，形成了新的 COSMOS（composite traffic management system）系统。COSMOS 是日本最新、功能最全的调度指挥系统，调度指挥中心设在东京（和东海道、山阳新干线调度指挥中心在同一大楼内）。COSMOS 系统构成如图 5 - 1 所示。

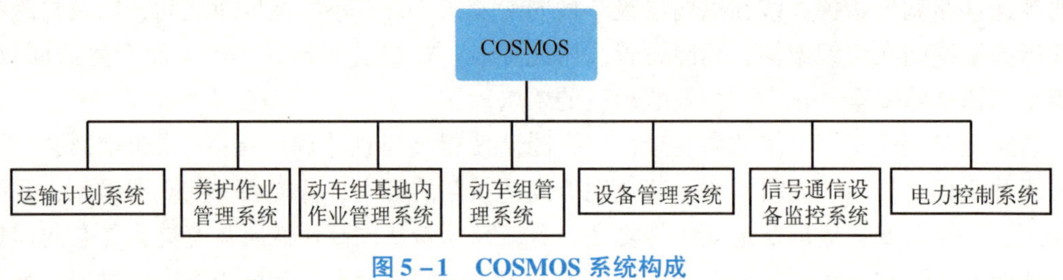

图 5 - 1 COSMOS 系统构成

2. 德国高速铁路调度指挥系统

德国高速线是既有路网的一部分，其主要特点为客、货混线分时运行及新旧线混用，其调度指挥与既有线调度指挥融为一体，从体系结构到管理模式完全与既有线相同，实行调度指挥中心—地区调度所—基层车站调度室的三级调度指挥模式。德国铁路调度中心分别设在柏林、慕尼黑、杜伊斯堡、汉诺威、法兰克福、莱比锡、卡尔斯鲁厄等大枢纽地区，属于按区域设置模式，这种设置便于对客、货列车进行组织指挥和管理。德国高速铁路没有专门另建调度中心，而是纳入所在区域的既有调度指挥系统，以利于高速线列车与既有线列车跨线运行的协调、配合。

德国铁路调度指挥系统的功能有：列车控制、列车监视、供电管理、旅客信息管理和车站监视等。调度指挥系统为局域网（LAN）构成的多功能综合运输控制系统。系统对列车的监控按时刻表进行，必要时可对列车进行控制。列车按车号自动控制进路，根据储存的时刻表与列车运行实际状态，调度员可以及时发现列车偏离运行图的情况并做出调整。

3. 法国高速铁路调度指挥系统

法国高速铁路各调度工种基本上按三级管理设置，但具体模式不尽相同。各高速线的调度组织形式不一，有两级管理和三级管理两种。两级管理是指国家调度中心和 CTC 控制中心两级控制；三级管理是指国家调度中心、分局调度中心、CTC 控制中心三级控制。在国家调度中心和分局调度中心设有营运基础调度、客运调度、电力调度、动车组运用调度、司机调度。法国高速铁路调度指挥系统具有设置相对独立的高速铁路调度指挥系统、按区域设置分局作为管理机构的特点，但存在高速线与既有线相对独立的调度指挥模式难以适应运营需要的不足。

法国高速铁路调度指挥系统的构建思想受既有线的影响和制约，其调度业务仅包含客运组织、行车组织及机车车辆方面的调度，系统结构较为简单，功能较弱。

5.2 高速铁路调度组织机构及职责

高速铁路调度指挥系统是高速铁路运营管理和列车运行控制的中枢，是高速铁路高新技术的集中体现，是高速铁路运营管理现代化、自动化、安全高效的标志，对统一指挥列车运行和协调铁路运输各部门的工作作用重大。因此，建立一个高效率、现代化的调度指挥系统，能够充分发挥高速铁路本身所具有的运输能力，确保高速铁路的行车安全和优质服务。

5.2.1 高速铁路调度指挥的组织机构

高速铁路调度指挥系统有三种可选网络结构方案。

1. 全路集中设置的一级调度指挥系统架构

该系统架构在全路设置一个高速铁路综合调度指挥中心，在综合调度指挥中心内，根据线路数量、行车量等设置相应数量的调度台，各调度台通过专业调度直接向基层站段发布调度指挥命令，指挥现场的各项工作。调度指挥是保证行车安全的关键，所以为了提高高速铁路调度指挥系统安全性，在各高速铁路公司设置备用调度中心。备用调度中心平时不参与调度指挥工作，为全路调度指挥中心备份数据，一旦全路调度指挥中心出了故障，各高速铁路公司调度中心接管辖区内的调度指挥工作，从而适当恢复列车的正常运行，保证列车的运行安全。

2. 按区域设置的二级调度指挥系统架构

该系统架构将整个高速铁路调度指挥系统分为两个层级，全路综合调度指挥中心和区域调度指挥中心。全路综合调度指挥中心主要起监视和协调作用，必要时接管指定区域的调度指挥工作。区域调度指挥中心负责日常列车的调度指挥工作，通过各专业调度台向基层发布调度命令，基层站段根据调度命令组织实施。

3. 按线路设置的二级调度指挥系统架构

该系统架构将全路高速铁路调度指挥分为两个调度层级：全路调度指挥中心和高速铁路公司调度指挥中心，高速铁路公司调度指挥中心按干线（通道）设置。

全路调度指挥中心负责全路高速铁路及高速铁路与既有线之间的协调、监控，在正常情况下不直接参与调度工作，为二级调度备份数据。高速铁路公司调度指挥中心负责所管辖范围内的列车的日常调度工作，直接给基层发布调度命令，基层在收到调度命令后按指示开展现场的行车组织工作。

我国现行的高速铁路调度指挥系统架构在功能和机构设置方面与既有线调度指挥系统架构类似，采用属地化管理的区域集中二级调度指挥系统架构。高速铁路调度指挥人员包括：值班副主任、计划调度员、列车调度员（助理调度员）、动车调度员、动车司机调度员、供电调度员、客服调度员、综合设施调度员，各调度工种业务实行专业化管理。动车调度员由车辆处，动车司机调度员由机务处，供电调度员由供电处，客服调度员由客运处，综合设施调度员由工务处、电务处进行专业指导和专业培训，并对其专业管理负责。

5.2.2 高速铁路各调度岗位的工作职责

1. 高速铁路调度所值班副主任的主要职责

（1）在调度所值班主任的领导下，负责管辖范围内高速铁路运输生产的集中统一指挥，协调高速铁路各线间、高速铁路与既有线间的运输工作，加强与相邻铁路局调度所间的工作联系，并向国铁集团高铁调度汇报有关工作。

（2）严格执行各项规章、文件、电报、命令和安全管理制度。

（3）掌握高速铁路列车安全正点情况，遇涉及高速铁路列车的非正常行车组织、应急处置等情况时，加强组织指挥。

（4）掌握相关区段综合维修计划、试验列车开行、动车组回送情况。

（5）负责审核管内高速铁路动车组列车加开、停运、回送等计划。遇非正常情况时，指导相关调度调整列车开行计划（含客运业务停站股道运用计划）、动车组车底运用计划。

（6）组织协调相关工种调度员制定并实施管辖范围内高速铁路站车滞留旅客疏导方案，及时协调处置高速铁路站车发生的与旅客相关的突发事件。

（7）负责管内救援用动车组列车的调用。需要跨局调动救援列车时，向国铁集团调度申请。

（8）掌握高速铁路重点任务运输情况，协助列车调度员做好列车运行组织和调整。遇有突发情况，立即向国铁集团报告。

（9）组织实施应急指挥中心确定的救援和处置方案；协调相关单位实施救援、抢修、抢救。

（10）根据文件、电报、有关单位申请，审核管辖范围内动车组试验运行计划，审批施工天窗内的临时施工、维修作业计划。

（11）负责国铁集团调度命令申请单的审核，并督促有关工种调度员转发国铁集团的调度命令。

（12）负责高速铁路安全信息的收集、通报，负责高速铁路列车正点统计情况的上报工作。

（13）完成领导临时交办的工作和任务。

2. 列车调度员（列车调度岗位）的主要职责

（1）严格执行各项规章、文件、电报、命令和安全管理制度。

（2）接收调度日计划，负责本调度区段行车指挥工作，编制和下达列车运行调整计划，组织并监控列车运行，调整列车运行计划和到发线使用。

（3）负责与相邻调度台交换列车运行计划。

（4）掌握管辖范围内车站及列车的技术设备和作业过程，注意列车的运行情况、掌握重点列车运行信息，正确及时地发布与行车指挥有关的调度命令、行车凭证和口头指示。

（5）需人工办理进路时，负责布置进路，并听取助理调度员进路准备妥当的汇报，确认进路正确。

（6）转为非常站控时，负责向车站应急值守人员下达列车运行调整计划（包括车次、股道、方向、到开时刻）、布置进路并听取进路准备妥当的汇报，调度集中控制（CTC）终端能够正常显示时需与助理调度员共同确认进路正确；收取列车到发时刻（能通过计算机报点的除外）。

（7）遇发生铁路交通事故、设备故障、自然灾害、防灾安全监控系统报警及列车报告异常信息等情况时，正确及时处理，通报信息，并按规定填写“安监报－1”。

（8）掌握救援列车的分布情况，根据值班（副）主任的指示，及时发布救援列车运行的调度命令。

(9) 对列控限速调度命令（数据格式）与助理调度员执行“二人确认制度”。

(10) 完成领导临时交办的工作和任务。

3. 列车调度员（助理调度岗位）的主要职责

(1) 严格执行各项规章、文件、电报、命令和安全管理制度。

(2) 接受列车调度员（列车调度岗位）的领导。

(3) 掌握管辖范围内站、段及列车的技术设备和作业过程，注意列车的运行情况和有关安全监控设备的工作情况，注意管辖各站列车进路和调车进路的排列情况。如需人工办理进路和开放信号时，根据列车调度员（列车调度岗位）的指示进行人工办理。

(4) 负责进行控制模式转换、列控限速设置、接触网有（无）电状态检查、线路（道岔）封锁等操作。

(5) 在分散自律模式下，担任调车领导人，及时编制调车作业计划，向调车指挥人和司机下达调车作业计划，并负责办理调车进路。

(6) 遇使用无线传送系统发送调度命令不成功时，按照列车调度员（列车调度岗位）的指示使用列车调度电话向司机发布调度命令。

(7) 负责列控限速调度命令（数据格式）的设置、取消及人工排列的进路，与列车调度员（列车调度岗位）执行“二人确认制度”。

(8) 转为非常站控时，在CTC终端能够正常显示的情况下与列车调度员（列车调度岗位）共同确认进路正确。

(9) 按列车调度员（列车调度岗位）的指示，负责办理综合维修、设备故障登、销记，以及接触网停送电签认手续，及时拟订并发布综合维修、抢修作业的调度命令。

(10) 完成领导临时交办的工作和任务。

4. 计划调度员的主要职责

(1) 严格执行各项规章、文件、电报、命令和安全管理制度。

(2) 了解客流变化，掌握管辖范围内动车组配属、备用、运用情况，落实动车组列车开行方案。

(3) 掌握相关区段综合维修计划、试验列车开行情况、动车组回送情况。

(4) 汇总、编制调度日计划，及时上报、接收国铁集团审批下达的日计划。

(5) 与相邻铁路局调度所交换日计划及有关资料。

(6) 在客运处的指导下，根据客流需要，发布动车组列车临时加开、停运、途中折返编组调整、定员变化、变更客运业务停站和应急情况下的票额调整等调度命令。跨铁路局时，向国铁集团高铁调度员提出调度命令申请。

(7) 遇非正常情况，会同相关调度员调整列车开行计划（含客运业务停站股道运用计划）、动车组车底运用计划。

(8) 组织管辖范围内高速铁路运输中有关军事运输工作，编制新老兵乘车计划，重点掌握相关动车组安全正点情况。

(9) 完成领导临时交办的工作和任务。

5. 动车调度员的主要职责

(1) 严格执行各项规章、文件、电报、命令和安全管理制度。

（2）掌握本局管内动车组的配属、转属、借用及车底到位等情况；掌握本局管内当日动车组运用、检修、备用、热备、试运、回送、试验计划。

（3）负责编制动车组车底运用日计划，并组织落实，遇列车运行计划变更时，组织调整车底运用计划。掌握铁路局管内动车组车底运用周转情况。

（4）掌握日常运行动车组随车机械师乘务信息。掌握热备动车组停放位置和车底变更、临时开行等情况。

（5）监控本属及在管内运行动车组的运行情况，及时接收相关故障信息报告。接到运行故障信息后立即向国铁集团动车调度员和有关领导报告，通报相关专业调度员和相关铁路局动车调度员，并及时做出判断，采取妥当的应急处置措施。

（6）监控动车组出、入库及列车始发情况，出现晚点时，负责组织车底运用、检修的调整工作。因动车组故障或其他原因影响管辖范围内车底正常交路时，组织车底交路调整、热备启用工作。

（7）掌握动车组的故障情况，协调回送工作。掌握故障动车组的入库检修情况。督促车辆段进行原因分析并上报国铁集团动车调度员。

（8）动车组需要异地检修时，协调有关单位组织实施，需跨铁路局检修时，上报国铁集团动车调度员。

（9）掌握铁路局管内动车组的定期检修计划。负责检查、督促铁路局管内车辆段合理制定动车组在段检修计划。督促车辆段按计划组织动车组及时出入厂、出入段，协调组织回送工作。定期掌握配属动车组在厂、在段检修进度、检修计划兑现及调整情况。掌握管内动车组造修计划，协调做好动车组回送工作。

（10）负责动车组相关调度命令的发布。跨铁路局时，向国铁集团动车调度员提出调度命令申请。

（11）掌握管内动车运用所运用检修能力及每日运用检修基本情况，检查、督促车辆段制定运用检修计划，保证动车组科学合理检备。

（12）负责动车组有关管理信息的监控，定期对动车组检修、运用的数据进行汇总、统计、分析和上报。

（13）完成领导临时交办的工作和任务。

6. 动车司机调度员的主要职责

（1）严格执行各项规章、文件、电报、命令和安全管理制度。

（2）负责接收相关动车组文电、调度命令，并向相关铁路局（段）机务部门传达，组织贯彻落实。

（3）掌握动车组配属、转属、借用及车底到位等情况；掌握当日动车组状态（运行交路值乘人员、热备车体、车体检修）、检修计划、运用计划、临时开行、试验运行、车体更换等情况。

（4）掌握高速铁路担当局、段动车组司机人员动态。收集当日动车组、相关动车段（所）司机执乘或地勤司机、热备司机人员数量、名单、联系方式等信息。发生非正常情况时，与各工种调度员一起做好应急处置，合理运用动车组司机。根据动车组投用、热备计划，向相关管辖局、段下达动车组列车交路人员担当计划，组织临时变更和恢复动车组乘务担当局、段动车组司机值乘交路。

（5）负责动车组司机乘务、地勤作业信息的收集与反馈。

（6）对动车组回送及临时更换车底需安排司机担当乘务的申请进行把关，及时通报相关调度台，会签相关调度命令，并向相关铁路局、机务段传达。

（7）根据动车组3、4、5级修检修计划，掌握检修进度，布置相关局、段动车组司机（含地勤司机）配合工作。

（8）遇设备故障或非正常情况导致列车晚点时，指导、调度辖区内动车组司机快速处置。

（9）与相关调度台及相关局调度所联系，了解影响动车组正常运行的设备故障发生、处理、恢复情况，并根据情况做好动车组司机乘务、备用安排。

（10）发生动车组故障影响行车时，按规定启动有关应急预案，组织、指挥司机及其他有关人员对动车组运行故障进行应急处理，对动车组运行安全信息实行全过程管理。及时按规定上报相关安全信息。

（11）每日将动车组运行、晚点和故障信息进行统计，形成运行日报表，上报到相关部门。

（12）负责根据动车组担当交路，向国铁集团调度指挥中心机车调度员提出乘务交路优化建议，合理安排乘务交路计划，合理地调配动车组司机。

（13）完成领导交办的其他工作。

7. 供电调度员的主要职责

（1）严格执行各项规章、文件、电报、命令和安全管理制度。

（2）掌握管辖范围内牵引供电、电力设备分布情况；掌握主要设备技术状态和变（配）电所电源及负荷情况；掌握管辖范围内涉及牵引供电、电力设备的综合维修作业情况；了解管辖范围内列车运行情况。

（3）监测牵引供电、电力系统的运行情况，根据需要及时调整供电方案，合理组织供电系统运行。

（4）负责供电系统远动开关的操作，正确下达倒闸和作业命令，批准在供电设备上的停送电作业。

（5）按规定与列车调度员办理停、送电签认手续。

（6）掌握管辖范围内各有关班组的值班情况、交通机具状态。

（7）掌握供电设备大修、维修、更新改造进度及完成情况，参与牵引供电、电力远动系统联调联试和验收，审核相关的施工方案，提高综合维修计划的兑现率。

（8）核对与牵引供电、电力设备检修，以及停、送电等有关的日计划，并按批准的计划组织实施。

（9）参与有关调度协议的签订。接受地方电力公司的停、送电命令。当外部电源非正常时，迅速与电力部门联系处理。

（10）发生牵引供电、电力设备故障时，应立即启动抢修预案、通报信息，组织抢修。

（11）正确处置安全监控系统的报警信息。

（12）完成供电检修天窗的各种统计及运行报表的分析工作。协助列车调度员完成供电设备非正常状态下的指挥工作。

（13）完成领导临时交办的工作和任务。

8. 旅客服务调度员（客服调度员）的主要职责

（1）严格执行各项规章、文件、电报、命令和安全管理制度。

（2）加强与各工种调度员联劳协作，解决调度辖区内站车上报的与旅客服务相关的各类事宜，及时处置高速铁路站车发生的与旅客服务相关的突发事件。

（3）掌握管辖范围内动车组配属、备用、运用情况，了解管内高速铁路客票发售情况、主要客运站客流波动情况、动车组列车席位利用情况及动车组列车的运行情况。

（4）掌握管内运行的动车组列车客运乘务信息及动车组库内保洁计划，遇列车运行计划调整时，及时组织调整本局担当动车组列车客运乘务（含餐服、保洁）计划；会同动车组调度员，及时调整动车组库内保洁计划。

（5）遇有动车组晚点时，加强与相关工种调度员的联系，组织各部门加强协作，采取有效措施，减少晚点影响。

（6）遇有灾害、事故或发生设备故障等原因造成动车组不能继续运行时，会同相关工种调度员，根据相关动车组列车调整计划、客票发售、动车组备用及邻近客车车内人数等情况，及时制定旅客疏导方案，指导相关单位做好列车上水吸污、折返保洁、备品交接、餐饮供应、退票改签、旅程接续、重点旅客安排等客运服务工作。

（7）接收上级或相关调度所发布的命令或信息，收集辖区内车站、列车上报的与客运服务相关的信息［当班列车长姓名、电话；滞留列车简要情况（车次、担当局、滞留时间、地点、列车滞留地点地质灾害或水害等情况）；车内旅客情况（总人数、各席别人数、重点旅客人数及状况）；车上餐食、饮用水供应情况；其他认为需要报告的事项等］。向上级及相关调度所通报或直接向站车和铁路客户服务中心发布自然灾害、行车事故、设备故障等原因造成的列车晚点信息（晚点原因、目前晚点时间、预计晚点时间等）等客服信息。

（8）协助做好有关军事运输、新老兵运输、专包及中央大型会议等重点任务的客运服务。

（9）负责动车组列车客运服务及正点情况的分析和上报工作；及时记录、收集、整理、分析旅客服务方面存在的各类问题，提出改进意见。收集站车客运服务的有关资料、站车典型事例等情况。

（10）完成领导临时交办的工作和任务。

9. 综合设施调度员的主要职责

（1）严格执行各项规章、文件、电报、命令和安全管理制度。

（2）实时掌握防灾系统各子系统的报警及故障报警信息。掌握高速铁路每日风、雨、雪等主要气象信息。

（3）熟悉防灾系统各子系统故障的处理流程，防灾系统发生故障报警时，通知相关单位按处置流程处理。

（4）某监测点异物侵限监控系统发出异物侵限报警时，协助列车调度员按照相关应急处置流程处置。

(5) 地震安全监控系统发出地震报警时，自动触发列控系统和供电系统使动车组停车并与接触网断电，协助列车调度员通知运输系统各部门上线检查并采取应急处置措施。

(6) 监视电务设备运用情况，发现问题及时通知相关单位按处置流程处置。

(7) 掌握综合维修天窗和施工作业进度，收集施工现场信息，及时向列车调度员报告情况；协助处理高速铁路工务、电务等固定设施和设备施工的申请、登销记、要点及联系工作，并负责相关试验工作。

(8) 掌握综合维修系统的基础信息，接收综合维修计划，掌握路用列车开行情况，参加工务、电务、供电专业施工作业和维修作业计划协调会，协调设备管理单位合理利用综合天窗。

(9) 加强与各工种调度员及作业单位的联系，了解各单位作业前准备情况，及时掌握施工及维修作业进度，协调处理综合维修作业结合部存在的问题，做好综合维修作业及动车组列检信息的收集工作。

(10) 做好非正常情况下的专业应急处置等工作。

(11) 收集专业施工计划，盯控施工进度。

(12) 完成领导临时交办的工作和任务。

5.2.3　高速铁路调度指挥系统的业务流程

高速铁路调度指挥系统的业务按时间进程从远至近可以分为三个层次。

1. 第一层——基本计划层

基本计划层的基本任务是编制列车开行计划（运行图）、动车组运用计划、乘务计划等，其是根据营销部门制定的列车开行方案（基于市场需求、经营策略及人员、设备条件等确定）进行的。列车开行方案对季节、节假日、不同工作日等的客流变化有预见性地进行了安排。动车组运用计划和乘务计划主要是保证提供质量良好的动车组和足够数量的乘务组，以保证列车开行计划能够实现。

2. 第二层——实施计划层

实施计划层的基本任务是编制实施计划，即编制具体实施的各类计划。虽然绝大部分列车开行计划已经在基本计划中给予了安排，但为满足一些早期不能预见的需求（如大型团体旅客需求、临时的非营运性列车开行需求等），需要增加或减少列车，这样就形成了实际列车开行计划。同样为完成列车开行任务，必须制定动车组运用计划、乘务计划，为保证通信信号、基础设施等状态良好，还必须编制综合维修计划，这些计划供高速铁路实际生产使用。

3. 第三层——调度指挥层

调度指挥层组织实施各种计划，当发生意外，偏离原计划时，采取措施，尽可能恢复到原计划上来。按工作性质从事调度指挥的人员可分为：列车调度员、动车调度员、供电调度员、旅客服务调度员等，在现场还有大量从事具体工作的人员（司机、车站工作人员、各类设备检修人员等），共同完成运输生产任务。

5.3 高速铁路计划调度

计划调度主要具有基本计划的编制和实施计划的编制与下达等功能。国铁集团和各高速铁路调度所运输计划编制部门采用统一的计划编制系统，能随时按业务需求的调整进行权限控制和功能切换。计划编制系统依据计划编制规则要求，提供计算机辅助计划编制方式，具备牵引计算、合理性检查和模拟仿真功能。基本计划编制系统依据计划编制规则的要求自动编制计划，具备较高的智能辅助决策水平，同时在计划编制的各环节提供人机交互手段，切实保证所编制计划的可行性。

5.3.1 基本计划的编制

1. 高速铁路基本计划的编制流程

高速铁路基本计划包括：基本列车运行计划、基本动车组交路计划、基本车辆分配计划、基本乘务计划等。基本计划的编制功能能够依据计划编制规则的要求自动编制出基本计划，在计划编制过程的各环节提供人机交互手段，提供并具备对基本计划校验、分类管理、审批、下达功能，对车站、动车基地等的能力验证功能，时刻表管理及发布等自动处理功能，具备较高的智能辅助决策水平，保证所编制计划的可行性和合理性。

基本计划以线路数据、信号系统参数、基本列车运行时分、动车组参数、车站参数等数据为依据，结合客流分析与开行方案进行编制，并根据动车组运用规程、动车组基地分布、乘务规程、乘务基地分布等状况形成基本动车组交路计划和基本乘务计划，反复进行合理性检查后生成基本计划。基本计划编制完成后，生成时刻表等相关资料，并下达到各相关铁路局调度所、车站、动车组基地、运用所和动车乘务基地。

2. 基本列车运行计划的编制

1）系统功能结构

（1）基本列车运行计划基础信息与应用数据库管理。

实现全路基本列车运行计划编制相关的基础信息与技术资料的数据库管理，各级运输计划编制人员可进行所管辖范围的数据管理。系统提供用于数据上报的数据库合并及一致性维护功能，用于数据下载的数据库分解提取功能，以及数据录入、增加、删除、修改、更新、整理、备份、查询、统计等功能，可生成相关接口文件、历史文件、报表文件和统计分析文件等。

（2）基本列车运行计划综合业务计划信息管理。

在对客、货流量及车流进行分析计算的基础上，确定各种客货列车开行数量及开行方式；具备上报、下达、接收相关技术资料和行车量的功能，提供资料的查询、统计、分析、协调检查、审核、确定等功能；具备下达、接收基本列车运行计划、命令和指标等功能；具备对基本列车运行计划进行审核、评价、确定、上报、下达、接收、查询、输出图形与报表等功能。

（3）牵引计算。

根据动车组参数、线路平纵断面数据等参数计算列车区间运行时分，验证或确定起停车附加时分及各种车站间隔时间。在牵引计算的基础上模拟单个列车的运行过程，分析列车牵引计算结果，包括运行时分、牵引重量、制动距离、工况转换曲线、能耗等一系列牵引计算数据。

（4）列车运行图自动编制与人机调整。

系统自动编排列车始发或终到时刻方案，自动生成列车运行线，自动进行列车运行线方案的优化调整，并在列车运行图编制过程中的各个环节提供多方面的人机交互手段。

（5）列车运行模拟。

在列车牵引计算和基本列车运行计划的基础上模拟列车在区间的运行，车站进路的排列、信号的开放与关闭、股道的占用与空闲都依据真实的物理条件，完全由模拟系统自动完成，并进行各种冲突检查及结果输出和显示。

（6）基本列车运行计划指标及报表管理。

按照选定的范围计算基本列车运行计划的相关指标，并提供报表输出、查询、浏览、存档功能，为基本列车运行计划的分析、决策提供依据。

（7）列车运行图绘制。

输出选定范围的二分格、十分格、小时格列车运行图。

（8）列车时刻表编辑排版。

按照选定的范围编辑列车时刻表，满足各种版面设置要求。

（9）线路通过能力计算。

建立通过能力的计算体系，计算线路全线或分段通过能力，提供通过能力利用分析和评价功能。

（10）基本列车运行计划的综合分析和评价。

建立基本列车运行计划的分析与评价体系。

（11）面向铁路内部的基本列车运行计划综合信息服务。

提供基本列车运行计划信息查询、报表生成、时刻表下载、数据文件下载等功能。

2）基本列车运行计划的编制过程

国铁集团下达编制基本列车运行计划的命令后，全路运输计划编制部门开始进行列车运行计划编制。在编图技术资料上报、审核、汇总的基础上，由国铁集团运输计划编制部门组织全路各级运输计划编制部门编制全路直通旅客列车基本运行计划（含高速铁路跨线和本线客车基本运行计划），上报国铁集团有关领导层审核批准后，下达给各高速铁路公司和铁路局。

3）系统信息流程

在基本列车运行计划编制系统中，各级运输计划编制部门通过计算机网络实现信息的处理和交换，完成列车运行计划的编制与调整决策过程。

编制基本列车运行计划所需的一部分基础技术资料由车站收集加工后，通过设置在车站的终端系统上报铁路局，由铁路局汇总、审核后提交计划编制数据库保存并报国铁集团审核批准，国铁集团对各铁路局技术资料进行审核后生成集团计划并存储在中央数据库，铁路局运输计划编制部门进行下载，存储在列车运行计划数据库。

铁路局列车运行计划数据库存储基本列车运行计划的编制技术资料和结果数据，国铁集团中央数据库存储全路基本列车运行计划的编制技术资料和结果数据，两级数据库通过铁路专用数据传输网互联，完成数据的上报与下载，以及数据的更新、修改、维护和管理等操作，从而保证全路列车运行计划技术资料与结果数据的一致性。

3. 基本动车组交路计划的编制

1）数据管理与维护

实现全路动车组交路计划编制相关基础信息与技术资料的数据库管理，具有数据录入、增加、删除、修改、更新、整理、备份、查询、统计等功能，可生成相关接口文件、历史文件、报表文件和统计分析文件等。

系统可提供数据管理的单机独立操作模式和多用户联网操作模式。

2）自动编制基本动车组交路计划

系统采用参数化设置，建立基于多种约束条件的算法库。根据已知基本列车运行图计划编制要求条件，通过计算生成多个可行编制方案，由用户根据结果择优。

3）动车组交路调整

系统在自动生成动车组交路计划的基础上，在动车组交路编制过程中的各个环节提供多方面的人机交互手段。

4）合理性检查

在编制动车组交路的基础上，结合列车运行方案进行评价，检查是否满足各种约束条件、动车组数量是否可以接受、运行线是否全部指派动车组交路等，从优化动车组交路的需要出发提出反馈意见，给出基本列车运行计划优化调整的相关建议。

5）基本动车组交路计划指标统计

系统可自动计算所编制计划的各种指标，包括需要的最小动车组数量、平均走行里程、平均运用时间、平均担当的运行线数量、平均接续时间、动车组空车走行数量和里程等。这些指标可用来衡量所编制基本动车组交路计划的质量，确定每个动车基地需要配置的动车组数量，提出改进方案等。

4. 基本车辆分配计划的编制

1）车辆分配计划自动编制

编制参数的准备包括动车基地的设置、能够承担的动车组种类和检修任务类型，各检修基地（所）同时可接纳的动车组数量、动车组的运用规则、动车组的履历等。

建立优化的基本车辆分配计划模型，综合考虑客流需求、动车组交路计划、车辆类型与数量、动车组配属、动车基地与运用所的设置、动车组的修程和修制、动车组的履历、动车组之间的工作负荷均衡、减少动车组空车走行、车辆运用的其他规定等因素，自动编制完成基本车辆分配计划。

2）基本车辆分配计划手动调整

在自动编制完成的基本车辆分配计划不能完全满足要求的情况下，还可通过方便的手动调整功能对计划进行局部的调整和优化。

3）合理性检查

考察在计划编制的每个阶段是否满足各项约束条件，与其他基本计划的适应性如何。在计划编制过程中，对基本车辆分配计划进行分析，如果认为其他基本计划的某种调整能够显著提高车辆分配计划的质量和效率，则提出有关修改基本列车运行计划和基本动车组交路计划的建议，反馈给相关的计划编制部门作为参考。

4）基本车辆分配计划指标统计

车辆分配计划系统提供车辆分配的统计报表功能。根据动车组配属地（公司）、动车组类型与种类、动车组分配去向等分类统计项目，分别统计动车组分类别的数量，包括运用动车组数量、备用车数量、需要车数量（解除备用的动车组数量）等。基本车辆分配计划指标包括动车组平均走行里程、平均运用时间、平均担当的运行线数量、平均接续时间等，这些指标可用于衡量基本车辆分配计划的编制质量。

5. 基本乘务计划的编制

基本乘务计划包括动车组乘务人员（司机）的乘务计划和客运乘务人员的乘务计划。乘务计划主要分为乘务日计划和月度计划。日计划由全体乘务交路构成，通过日计划确定完成一日的运行图任务需要的乘务组数量，以及各乘务组担当的乘务交路；月度计划描述各乘务员在给定月份中各日担当的乘务交路及休息计划。

1）自动编制基本乘务日计划和月计划

（1）编制参数的准备。需要准备的参数包括对应的基本列车运行计划、动车组交路计划、车辆分配计划、乘务基地（所）的设置、乘务人员的乘务方式、乘务规则等。

（2）系统建立优化的计算模型。综合考虑各项编制参数及各种约束条件，自动编制符合要求的基本乘务日计划和月计划。

2）基本乘务计划手动调整

在自动编制完成的基本乘务计划不能完全满足要求的情况下，系统还提供方便的手动调整功能，由计划编制者对计划进行局部的调整和优化，充分体现编制者的意图。

3）合理性检查

在计划编制过程中，对基本乘务计划的分析应检查每个阶段是否满足各项约束条件，是否所有运行线均指派了乘务组，以及与其他基本计划的适应性如何。如果认为其他基本计划的某种调整能够显著提高乘务计划的质量和效率，则提出有关修改基本列车运行计划、基本动车组交路计划或基本车辆分配计划的建议，反馈给相关的计划编制部门作为参考。

4）基本乘务计划指标统计

系统自动按基地别测算每日或每月需要的乘务组数量，计算每个乘务交路的平均乘务时间、有效劳动时间、平均乘务里程、平均连续乘务时间、平均换乘时间、平均换乘次数，以及定制的其他乘务计划指标，用以衡量基本乘务计划的编制质量。

5.3.2　实施计划的编制与下达

国铁集团高速铁路调度中心和各高速铁路调度所运输计划编制部门根据市场需求及线路、设备等相关情况，负责编制管辖范围实施日前7天内的实施计划。实施计划分为列车运行计划、动车组交路计划、车辆分配计划、车辆检修计划、乘务计划、综合维修计划、供电计划、车站作业计划及特殊情况下的综合计划。

基于基本计划、国铁集团下达的计划、市场需求，以及线路、设备等信息，编制出具体的实施计划，并具备对实施计划进行校验、分类管理、审批和下达的功能。实施计划与基本计划共用基础数据，以保证它们的一致性。实施计划的编制由列车运行计划、动车组交路计划、车辆分配计划、车辆检修计划、乘务计划、车站作业计划、综合维修计划及供电计划编制系统组成，这些实施计划编制系统与基本计划编制系统共用基础数据，确保各实施计划之间、实施计划与基本计划之间的一致性。

在计划实施之前如有影响实施计划的情况发生，系统根据可能的变更情况，对基本计划进行更新和修改。

1. 列车运行实施计划

列车运行实施计划使用与基本列车运行计划一致的系统编制，以确定的基本列车运行计划为基础，确保列车运行实施计划编制基础的准确性。

开始编制列车运行实施计划前，系统读取或收集以下信息：①计划实施日使用的基本列车运行计划（平时计划或节假日计划）；②由于运输需求、固定或移动设备状况、气象等条件的变化而加开或停开列车的情况；③各综合维修部门提交的维修申请；④计划实施日施工影响的列车范围和时间范围、影响程度等；⑤计划实施日需要的各种施工车辆在前一日的停放地点等。编制完成的列车运行计划包括列车车次、经过各站的发到时刻、运行进路、占用股道号码等内容，这些计划能够以表格、图形等多种形式打印，也可以电子表格等格式导出。

2. 动车组交路实施计划

动车组交路实施计划的编制采用与基本动车组交路计划一致的系统，遵循相同的编制原则，只是依据的是列车运行实施计划而不是基本列车运行计划，同时考虑了计划实施日动车组的状况。具体来说，编制动车组交路实施计划需参考以下因素。

（1）列车运行计划，这是编制动车组交路计划的基础。

（2）基本动车组交路计划。

（3）动车基地（所）的设置。

（4）动车组的修程、修制。

（5）有接续交路时的最短接续时间。

（6）计划实施日动车组的可用情况。

（7）动车组的各级检修和走行里程等履历信息。

（8）考虑一段时间内各动车组间工作量的均衡等。

编制完成的动车组交路计划中包括每个交路对应的列车车次、接续运行的交路、开始和接续的地点及时间等。

3. 车辆分配实施计划

编制车辆分配实施计划就是将确定的动车组交路计划指派给实际动车组的过程。在进行动车组交路指派的时候应考虑的因素如下。

（1）列车运行计划。

（2）动车组交路实施计划。

（3）计划实施日前的车辆分配计划。

（4）计划实施日的动车组可用情况。

（5）动车组的各级检修和走行里程等履历信息。

（6）动车基地和运用所的设置。

（7）有关动车组修程和修制的规定。

（8）动车组之间工作负荷的均衡等。

车辆分配实施计划包括动车组号、编组、运行交路、出入段时间、出入段地点、动车组回送及接运计划等内容。

4. 车辆检修实施计划

由于制定车辆分配实施计划时充分考虑了动车组的修程和修制、已走行的日检和级修里程等信息，因此在编制车辆分配实施计划的同时，即可自动生成车辆检修实施计划。在车辆分配实施计划确定的同时，根据动车组交路计划、动车组履历、修程、修制、列车走行统计数据和列车故障情况、检修基地的作业能力等，编制车辆检修实施计划，具体包括：动车检修等级、检修作业内容、停留的时间和地点、检修作业起止时间、检修作业具体地点等。

5. 乘务实施计划

乘务实施计划的编制遵循与基本乘务计划相同的原则，编制时需要考虑的因素如下。

（1）基本列车运行计划。

（2）列车运行实施计划。

（3）动车组交路实施计划。

（4）车辆分配实施计划。

（5）基本乘务计划。

（6）计划实施日前的乘务计划。

（7）乘务基地和乘务所的设置。

（8）乘务组的可用情况。

（9）乘务准备时间和折返时间等。

乘务计划中包含乘务组编号及担当的车次、乘务区段、出退勤地点及时间、轮休/倒休安排等信息。

6. 综合维修实施计划

综合维修实施计划由设于高速铁路综合维修计划编制（管理）部门的服务器端和设于各相关综合维修部门、站段的客户端组成，其功能如下。

1）编制月度综合维修计划

相关综合维修部门在规定的时间前，通过综合维修计划系统提交下一周期的维修计划，高速铁路综合维修实施计划编制部门根据各维修部门提报的维修计划和基本列车运行计划统筹安排，批复后作为该周期综合维修计划的执行基础。

2）综合维修实施计划

各综合维修单位根据批复的综合维修计划，在规定的时间前提交计划实施日的综合维修方案。高速铁路综合维修实施计划编制人员根据列车运行实施计划，考虑施工的范围和影响，在综合协调之后确定计划实施日的具体综合维修方案，包括维修地点、维修作业内容、维修工作量及时间安排、维修车辆的运行径路、维修车辆的上下道时间、安全防护措施等。

3）综合维修影响分析

系统可根据确定的综合维修实施计划、列车运行实施计划及线路和车站平面布置图等信息，智能地分析各维修方案可能对列车运行和车站作业产生的影响，并以可视化的形式直观地反映在屏幕上。

7. 供电实施计划

供电实施计划包括牵引供电和电力供电计划。系统根据列车运行实施计划、综合维修实施计划和供电设备状况，采用人机交互的形式编制供电实施计划，计划中包括停送电时间、停送电区段、停电原因等信息。

8. 车站作业实施计划

车站的日常生产活动以车站作业计划为依据，编制车站作业计划时需要考虑以下因素。

（1）列车运行实施计划。

（2）动车组交路实施计划。

（3）综合维修实施计划。

根据这些实施计划信息及其他人机交互输入信息，系统可自动编制车站作业计划，计划的内容包括：①列车到、发计划，即计划实施日的到达和出发列车车次、到发时刻、接发车股道、站台等信息；②调车计划，包括动车组转线作业、出入段作业、维修车辆上/下道作业等的计划；③重点任务和上级指示，包括上级有关命令、指示和重点事项，完成车站作业计划的关键问题和重点要求，安全生产和作业组织上应注意的事项等。

9. 特殊情况下的综合计划编制

发生特殊事件（如地震、大面积洪涝灾害、超大规模的降雪等恶劣气候和自然灾害）打乱列车运行秩序时，系统可编制特定的列车运行、动车组运用及乘务员乘务的应急计划，以使高速铁路系统尽快恢复正常状态，此时，综合计划编制的主要内容如下。

（1）明确灾害影响范围（时间、区间）和影响程度（灾害级别、设备破坏程度、行车速度的限制）。

（2）制定设备抢修计划。

（3）制定列车运休及旅客安全输送方案（须由上级主管部门会同客运调度员、行车调度员，以及计划、供电、动车组、综合维修调度员共同进行）。

（4）编制在途列车合并计划、变更径路计划、停靠站计划、限速运行或就地运休计划、待发列车及后续列车运行或运休计划。

（5）基于大面积晚点和列车运休情况下的动车组车底运用计划和乘务计划。编制的结果可相应地输出为应急计划文件，向相关的部门或人员下达，确保尽快恢复正常的列车运行秩序。

10. 实施计划的上报与下达及运输统计分析

实施计划编制完成后报相关部门审批；审批后的实施计划如需修改，亦须在修改后报批。根据计划的类型，编制完成的计划分别递交国铁集团、铁路局调度所内高速铁路相关调度、相邻铁路局调度所、动车基地（所）、乘务基地（所）、车站、综合维修部门、供电部门等进行调阅和执行。

系统实时跟踪、记录列车运行实绩，在每日实施计划完成后，可根据收集的数据自动进行相应的统计并与实施计划进行对比，生成相应的统计分析报告供相关部门查阅。运输统计分析的指标如下。

1）列车运行指标

（1）兑现率指标：列车运行计划兑现率。

（2）行车量与列车公里指标：总行车量、按区段别的行车量、本线与跨线行车量；列车总走行公里、平均列车日走行公里，长短编组别列车走行公里、长短编组别平均日列车走行公里，空车总走行公里、长短编组别总空走行公里，跨线列车在高速铁路上总走行公里。

（3）行车速度指标：平均技术速度、列车等级别技术速度、本线与跨线列车技术速度、平均旅行速度、列车等级别旅行速度、本线与跨线列车旅行速度。

（4）正点率指标：按始发、到达和途中运行别的本线列车正点率、跨线列车正点率、整体列车正点率，本线及跨线列车晚点数量和晚点率、跨线列车接入及交出晚点数量和晚点率、晚点总时间、车次别晚点总时间、平均晚点时间。

（5）行车事故统计指标：当日各种性质的行车事故数量、中断行车时间、旅客伤亡人数；年度累计行车事故数量、年度累计中断行车时间、年度累计旅客伤亡人数；总累计行车事故数量、总累计中断行车时间、总累计旅客伤亡人数；累计连续安全天数。

（6）其他运营实绩统计指标：旅客人次、周转量、运输收入、各种等级和服务的座席利用率及根据需要制定的其他指标。

2）动车组运用指标

动车组运用指标包括本线动车组运用计划兑现率、跨线动车组运用计划兑现率、动车组别的累计行程、动车组别的累计服务时间，以及根据需要定制的其他指标。

3）乘务指标

（1）兑现率指标：乘务组乘务计划兑现率。

（2）乘务组劳动时间指标：各乘务组月度累计劳动时间、日平均劳动时间、乘务组超劳次数、超劳时间、乘务组平均超劳次数、平均超劳时间。

（3）根据需要制定的其他指标。

系统在上述指标基础上自动生成相关的统计分析报告，分发给相关部门和人员供分析或决策时使用。同时，系统可在大量历史数据的基础上进行深度的数据挖掘，寻找潜在的运输生产规律，提供有价值的预测信息，以提高高速铁路管理部门的市场决策能力。

5.4 高速铁路列车调度

5.4.1 列车调度子系统的工作流程

高速铁路列车调度子系统的工作是在计划调度子系统制定的日实施计划的基础上进行的。高速铁路列车调度子系统根据日实施计划，组织实施列车按计划安全、高效地运行，包括全线的列车运行监视、车次号追踪，进路的自动触发，列车运行计划调整，列控限速设置等功能。

列车调度是调度指挥系统的核心和关键，其基本任务是根据列车运行计划组织列车安全、正点运行。列车调度子系统主要是接收实施计划（包括列车运行、动车组运用、乘务安排、施工维修等实施计划），实现人工或自动生成列车运行调整计划、人工或自动进行列车进路控制，实施列车运行监视及绘制实绩列车运行图，实现列车跟踪及车次号校核等。系统能随时按业务需求的调整进行权限控制和功能切换。在列车运行紊乱情况下，列车调度子系统负责编制调整计划，并下达调整命令，控制列车与调车进路，监视列车运行。

列车调度工作由调度长全面负责，包括以下内容：掌握高速线全部列车运行控制信息，掌握相邻区段既有线列车运行信息，当列车运行出现偏差时，负责制定调整计划，并监督调度员工作。调度长还要掌握防灾报警信息，发生异常情况时须迅速、正确处理。根据高速铁路区段列车运行情况设置数个行车调度员。调度员在调度长领导下工作，其主要任务是：监督列车运行，实施运输计划管理子系统制定的列车运行计划，及时调整晚点列车；修改和实施运输计划管理子系统制定的维护计划；进行进路自动控制和人工控制。列车调度员负责管辖范围内的列车运行管理工作，其基本职责是按列车运行计划组织列车按图（计划）行车，尽快恢复列车正常运行秩序，缩短列车晚点时间，向车站传送列车运行信息。

5.4.2 列车调度子系统的功能

1. 调度指挥中心（所）列车运行计划管理

列车运行计划是运营管理的核心，是列车运行的重要基础数据。列车调度子系统具备列车运行计划接收、存储、查询、显示、打印输出等功能。

1）列车运行计划的接收

列车调度指挥中心接收来自国铁集团调度中心、其他铁路局调度所的既有线列车运行计划。列车运行计划的内容包括：列车车次、始发终到站、运行径路、列车进路、各站的到发时刻、占用股道号码等，以及基础设施检查和维修施工车辆的运行计划。

2）列车运行计划的管理

（1）列车运行计划的存储。

系统对列车运行计划按照不同来源分别进行存储；调度员可按时间、图号等信息进行检索和浏览。

（2）列车运行计划的编辑。

调度员可对列车车次、列车类型、列车级别、列车编组信息、列车乘务信息、列车交路信息、列车区间运行时分、列车到达时分、列车出发时分、列车站停时分、列车经由股道等信息进行编辑修改。

（3）封锁和限速。

可根据施工、维修计划设置股道封锁、区间封锁，对股道、道岔、区段进行限速，并可在施工、维修过程中调整封锁时间和范围。

3）列车运行计划的调整

当发生列车运行秩序紊乱时，列车调度子系统能自动调整列车运行计划，或由人工调整列车运行计划。系统实时监视在线列车的实际运行情况，当列车的实际运行状态与运行计划发生一定的偏差或检测到其他情况时，统一规划本系统内的各调度区段，依据相邻系统提供的列车运行计划信息和实际运行信息自动调整运行计划，并能以通过能力、正点率等调整目标为依据向调度员提供多种方案。

4）实绩运行图管理

列车调度子系统自动采集管内所有列车途经各站的到发时刻，自动生成、描绘列车实绩运行图，对调度员所需的事故、灾害、施工、维修及其他特殊情况的信息进行存储，调度员可随时查询列车运行相关信息。

（1）列车实绩运行图自动绘制。

系统根据实时信息自动生成列车到发点信息，并自动绘制列车实绩运行图，同时改变列车运行实绩部分的运行线颜色，与计划运行线区别表示。

（2）列车运行实绩查询。

当调度员按下列车运行状态查询按钮后，系统自动以表格（或图表）形式显示列车当前所在的车站或区间，以及列车计划运行时刻、早晚点时分，方便调度员查询在线列车的实绩运行信息。

5）维修作业时间管理

系统具备维修作业时间管理功能。在计划维修作业开始或结束前10 min（可根据用户需求进行调整），系统自动弹出提示对话框，提示调度员向车站、综合维修基地等相关处所下达维修作业开始或结束时间。

6）车站作业计划管理

接收车站调车作业计划，根据列车运行调整计划、动车组交路调整计划、在线列车运行故障情况等，对车站作业计划进行调整，经调度员确认后下达至车站。

7）邻台计划显示

接收相邻调度区段列车运行计划并进行显示。根据调度台管辖范围及线路衔接情况，显示相邻调度区段的列车运行计划，包括本调度所、不同高速铁路调度所、或既有线调度所的相邻调度区段列车运行计划。

8）列车运行计划下达

列车运行调整计划经调度员确认后，系统自动向列车运行调整计划所涉及的各站、维修基地、动车段（所）和相关调度台进行发送。同时，系统还可将其自动传送给相关调度台和调度所。

系统可采用两种方式与相邻调度台的列车运行调整计划进行协调：一种是半自动协调，由调度员来设定变化运行线在本区段的始发点；另一种是全自动协调，由系统设定变化运行线在本区段的始发点，协调以全局方式进行。此外，系统还能接收和处理其他高速铁路调度所及既有线调度所发来的列车运行调整计划。

2. 列车运行监控与追踪

在国铁集团调度指挥中心、高速铁路调度所及车站，可通过图形、图像、图表的方式，实时监视所管辖范围内高速铁路的信号设备工作情况，追踪列车运行。调度员借此掌握实时而准确的列车运行信息，实时显示列车运行位置、列车车次、列车速度、列车早晚点、联锁和列控系统（主要包括：轨道电路状态、道岔位置、车站股道、临时限速）信息，以及列车出入段状态和动车基地内作业状态。显示的范围包括：管辖范围内的全部车站、区间、与所管辖调度区段衔接的相邻高速铁路至少两个车站站场、与所管辖调度区段衔接的相邻既有线路至少两个车站站场、相关动车段及动车段走行线等。另外，作为保障行车安全的重要信息，系统能够以声音和图像闪烁的方式对安全监控及设备故障等报警信息进行显示，提醒调度员注意。

1）监控内容

（1）联锁和列控等信号设备工作状态。

（2）列车在区间和车站的位置、列车运行速度。

（3）列车计划运行图与实绩运行图的差别。

（4）晚点列车的速度及位置。

（5）临时限速地点及速度标识。

（6）其他图像、图片资料。

2）追踪内容

（1）从列车运行计划中获取车次信息，根据现场采集的信息自动跟踪列车运行。

（2）实时采集列车途经各站的到、发或通过时刻，生成列车实绩运行图。

3）相关资料和信息的显示

（1）管辖范围内列车运行实况，即在屏幕上显示各个区间及车站的列车运行轨迹和信号设备的实时状况。

（2）列车运行实景显示：在屏幕上显示某一车站内列车运行及信号设备的详细信息。

（3）列车运行计划和实绩运行图：在屏幕上可以显示全日、一个班或一段时间的列车计划运行图和实际运行图，并能清楚地看出列车晚点情况。

（4）灾害，事故及维修现场。

（5）其他图文信息。

3. 列车运行调度指挥与控制

系统具备在调度所直接进行列车和调车进路控制、限速设置、区间和股道封锁的功能。

1）列车进路自动控制

系统根据列车运行计划、列车运行实际情况、列车车次号等信息，自动设置和控制列车进路。自动控制列车进路时，除应在恰当的时机办理列车进路外，系统还对进路办理的合法性进行检查，例如，是否满足《铁路调度规则》、《铁路行车组织规则》及《车站行车工作细则》的要求，检查股道有效长、站台长度，确定是否能停放列车等。

2）人工列车进路控制

调度员根据列车运行调整计划或实际需要，可在站场显示画面上点击列车进路控制按钮，进行人工列车进路控制。人工列车进路控制可作为自动设置列车进路失败后人工干预的后备手段。

3）自动调车进路控制

系统根据列车运行计划、车站作业计划、综合维修计划和列车运行实际情况，自动设置和控制动车组出入段、动车组折返、维修施工车辆出入车站（所）等调车进路。自动控制调车进路时，除在恰当的时机办理调车进路外，系统还对进路办理的合法性进行检查。为确保安全，自动设置施工车辆的调车进路时，应具备轨道电路分路良好的基本条件。如具备此条件，则可采用与动车组调车相同的调车进路自动设置过程；若不具备，则应由人工确认调车到位、停稳后，人工办理调车进路。

4）人工调车进路控制

调度员根据实际需要，在站场显示画面上点击调车进路控制按钮，进行人工调车进路控制。人工调车进路控制可作为自动设置调车进路失败后人工干预的后备手段，并为计划外调车作业提供方便、快捷的调车进路控制功能。

5）临时限速及区间、车站股道封锁

系统根据来自其他系统的临时限速请求，以及区间、车站股道设置临时封锁的请求，设置或解除临时限速及对区间、车站股道的临时封锁。系统在临时限速，以及区间、车站股道临时封锁开始前15 min自动弹出提示对话框，提前向相关车站列控设备下达限速命令，由列控系统适时执行，同时弹出调度命令对话框，由调度员填写后下达至有关车站；在临时限速，以及区间、车站股道临时封锁结束前15 min自动弹出提示对话框，调度员在确认具备解除条件后，向相关车站列控设备下达解除命令，同时下达调度命令至有关车站。

6）控制失败报警

系统将所有的自动与手动控制操作以列表的形式进行显示，包括命令发送时刻、命令内容、执行状态，对任何未执行成功的命令进行语音和闪光报警，如列车进路、调车进路设置失败等，及时提醒调度员采取补救措施。

4. 车站运行管理

列车调度子系统的车站终端具备车站运行管理的功能，能够实现车站列车运行计划管理、车站作业计划管理、调度命令管理、列车运行监督与控制等功能。

1）计划管理

系统具备列车运行计划和车站作业计划的接收、存储、显示、打印等功能。

（1）列车运行计划的接收。

系统对接收到的列车运行计划进行显示、存储，作为自动和人工办理列车进路的依据。

（2）车站作业计划的接收。

车站作业计划包括作业计划编号、作业起止时间、车次号、车组号、作业内容、股道号、涉及的调车进路（包括调车信号机编号）、注意事项等内容。

2）调度命令管理

（1）调度命令的请求。

车站终端可根据现场维修、施工等实际需要，向调度员提出授权请求，即请求调度员以调度命令的方式予以批准。

（2）调度命令的接收

系统能够接收调度所发来的调度命令，并立即显示，同时以声音和画面闪烁的方式提醒车站值班员注意，系统在对车站值班员的身份进行认证后，对调度命令进行签收，自动填入车站值班员姓名、签收时间等信息后回复调度所。

此外，系统还具备调度命令查询功能。车站值班员能够随时查询近期所有调度命令的内容、签收状态。

3）行车日志管理

系统具备车站行车日志管理功能。根据列车运行计划、本站和邻站列车到发点信息，自动填写行车日志中的相关内容，而对于“同意邻站发车”“邻站发车”等内容还需人工填写。为减轻车站值班员的工作强度，系统在非常站控模式下，使用行车日志功能对列车运行进行记录和监督管理；在调度集中控制模式下，则不使用行车日志功能。

4）列车运行监控

（1）列车运行监视。

系统具备实时显示本站和相邻车站列车运行位置、列车车次、列车速度、列车早晚点、联锁和列控系统（主要包括轨道电路状态、道岔位置、车站股道、临时限速）信息的功能。相邻车站可以是本调度区段内的车站，或其他高速铁路的车站，也可以是既有线管辖的车站。

（2）控制权转换。

车站值班员可以通过按压非常站控按钮，使系统由调度集中控制模式转为非常站控模式，接管车站的全部控制权，对车站进行列车和调车进路控制、限速设置、区间和股道封锁。

（3）列车进路控制。

在调度集中控制模式下，车站与调度所通信中断时，系统具备按预先接收到的列车运行计划继续自动设置列车进路的功能。在非常站控模式下，车站值班员根据列车运行计划人工办理列车进路。

（4）调车进路控制。

在调度集中控制模式下，车站与调度所通信中断时，系统按预先接收到的车站作业计划继续自动设置调车进路。在非常站控模式下，车站值班员根据列车运行计划、车站作业计划和列车运行实际情况，人工办理调车进路。

（5）辅助控制功能。

系统在车站站台设置紧急事故按钮，用于紧急情况下关闭列车或调车行进信号，使列车紧急制动。

5）其他功能

系统提供用户管理人机界面，通过识别车站值班员生物信息或通过口令等方式，对车站值班员的身份进行认证。不同身份的车站值班员具有不同的级别和职责范围，系统将授予不同的权利，如只有当班车站值班员才能签收调度命令。在操作过程中，车站值班员可以随时得到系统的在线帮助，解答有关软件使用方法、操作步骤等问题，指导完成各项操作。

系统为车站值班员提供规章查询功能，可随时查询技术管理规章、客运管理规章、调度管理规章、行车管理规章、安全管理规章、维修养护管理规章等与高速铁路相关的各类规章，以及与高速铁路相关的作业办法。

5.5　高速铁路动车组调度

高速铁路动车组调度子系统具体功能如下：掌握动车组车底履历，合理运用动车组车底；掌握动车组车底乘务组的运用；执行跨线动车组运用计划及乘务计划；根据列车运行调度子系统的调整计划，调整上述计划；绘制动车组、跨线动车组实绩交路，记录乘务组实绩；掌握动车组、跨线动车组技术状态；通知救援列车待命出发；掌握各动车段的维修计划，合理调配检修工作。

5.5.1　调度指挥所动车组管理

调度指挥所动车组管理包括实时接收列车运行状态、列车运行调整计划、动车组运用情况等信息，监视跨线车辆运行状态等。

1. 动车组运行状态监视

实时接收列车运行状态、车次号、车组号、动车组运用状态等信息，以图形方式实时显示动车组的运行位置、运用情况和动车组状态。

接收各动车基地（所）检修、运用、整备、存放能力等数据信息，如存车线、检修库线及其占用情况，并以图形方式进行显示。

实时接收下线运行的动车组所在位置信息，在地理信息画面中显示全部动车组分布，为合理调配动车组提供参考信息。

2. 计划管理

接收并显示列车运行计划、动车组交路计划、车辆分配计划、动车组检修计划、动车组运用计划、乘务计划和动车组备用情况。

1）动车组交路和车辆分配计划调整

根据列车运行调整计划、车载诊断信息等，对动车组交路和车辆分配计划进行调整，并发送至列车调度台、旅客服务调度台、动车基地（所）、相关车站等有关单位。根据接收到的列车运行调整计划及动车组备用状态信息，对动车组交路计划进行调整，经调度员确认后，自动向各动车基地（所）下达动车组运用调整计划，并就下达成功与否向调度员进行提示。

2）动车组检修计划管理

接收动车组检修计划，根据列车运行调整计划、动车组交路调整计划、车辆分配计划、动车设备履历、修程、修制、列车走行统计数据和列车故障情况、检修基地的作业能力等，对车辆检修计划进行调整，经调度员确认后下达至动车基地（所）。

3）动车组运用计划调整

根据列车运行调整计划，对动车组、跨线动车组运用计划进行调整，经调度员确认后，自动下达到各动车基地（所），或相关调度所，或既有线相关部门，并对下达成功与否向调度员进行提示。根据动车组的编号，可判断该动车组是否具备跨线运行的能力，对跨线动车组运用计划进行合理性检查。

4）乘务计划管理

根据列车运行调整计划，确定调整方案后，对司机乘务计划进行调整，经调度员确认后，自动下达到各动车基地（所），并对下达成功与否向调度员进行提示。并根据列车运行调整计划和司机乘务调整计划，及时对司机超劳进行预测。

5）动车组备用情况管理

实时接收各动车基地（所）动车组备用信息、动车组在修状态信息，作为动车组运用计划调整的关键数据。

3. 动车组运用数据管理

系统存储全线动车组履历、检修计划、运用计划、技术状态等数据，调度员可随时查询，为合理调度使用动车组提供科学依据。

系统具有全线动车组履历数据库，并在运营过程中不断更新。系统详细记录最高速度、运营速度、适应线路类型、车体参数、编组信息、乘务员数量、运营里程、修程、修制、是否具备跨线运行条件等数据，为调度员合理安排动车组运用、跨线动车组运用提供准确的依据。

系统拥有全线各动车基地（所）的检修、运用、整备、存放能力等基础数据的数据库，并根据实际情况同步更新。

4. 紧急处理预案管理

实时接收救援列车运用状态信息，在屏幕上显示救援列车的分布、位置、可用状态等信息。在动车组发生故障时，根据故障的地理位置和救援列车具体位置，提供紧急处理预案，并发送至列车调度台，作为列车调度员调整列车运行计划的依据。

5.5.2 动车基地（所）管理

动车基地（所）的基层调度指挥系统具备计划管理、调度命令管理、动车组运用数据管理等功能。

1. 动车组和动车基地状态监视

实时接收动车基地联锁系统发来的信号机状态、股道占用、道岔位置等动车基地状态信息，记录存车线、整备线、检修线、检修库等运用状态信息。实时接收与动车基地相邻车站、动车走行线的列车运行状态、车次号、车组号、动车组运用状态等信息，实时接收在线运行动车组的位置、运用情况和动车组状态等信息。全程监控动车组在基地（所）内的作业过程，实时发送动车基地（所）检修、整备、存放能力信息，如存车线、整备线、检修线、检修库等运用信息。实时接收下线运行的动车组所在位置信息，在地理信息画面中显示全部动车组分布。实时接收车载和地面诊断系统传来的动车组技术状态信息，判断其运行的安全性，提出相应对策。

2. 计划管理

接收调度所下达的列车运行调整计划、动车组交路计划、车辆分配计划、车辆检修计划、司机乘务计划，并对接收到的计划进行存储、查询和打印输出。根据动车组交路计划、动车组检修计划，调整股道运用计划，实时调整动车组出入基地（所）时间、路径，并及时向调度所发送。

根据动车运用、检修计划制定动车组停放股道方案，确定动车组出入基地的时间、路径，并可以进行实时调整。

调车作业计划编制。根据列车运行调整计划、动车组交路计划、车辆检修计划编制动车基地调车作业计划。动车基地调车作业计划，包括进出动车基地车辆的调车进路、进出检修线、进出车库等全部调车进路控制计划。

3. 作业进路控制

根据调车作业计划自动办理调车进路和手动办理调车进路。自动将编制的调车作业计划发送至动车基地自律机，由自律机向联锁系统发送控制命令，具体进路控制的方式，与列车调度子系统中调车进路自动、手动控制功能一致。

4. 司机派班计划管理

根据乘务计划、司机履历、司机轮休制度、司机乘务实绩等信息，编制司机派班计划，包括司机工号、姓名、担当车次、出退乘时间、地点等内容。

5. 动车组运用数据管理

接收动车组运用状态、检修计划、检修实施进度信息。自动将动车组履历信息存入调度所数据库，如动车组上次入检的级别及时间，距下次入检期间可担当的交路里程。接收司机乘务计划、记录出退勤情况、管理乘务组台账，实时向调度所发送出退勤记录数据。向动车组调度发送动车基地（所）运用、检修及设备设施的有关指标、数据，以及发生的事件、事故等情况。

5.6　高速铁路列车运行调整

由于列车运行受天、地、人等各种因素的影响，偏离运行时间，停站时间延长，以致打乱正常运行秩序的情况时有发生，这就要求实时地调整列车运行计划。因此，编制列车运行调整计划、进行列车运行实时调整是列车调度子系统最主要的功能，也是体现列车调度工作质量的关键。

5.6.1　高速铁路列车运行调整的特点

多种速度共线运行的运输组织模式使我国高速铁路列车运行组织与普速铁路列车运行组织及其他国家高速铁路列车运行组织有较大的差异，也使我国高速铁路列车运行调整问题有其自身的特点。

从列车运行干扰分析看，上线晚点列车将是高速铁路列车运行的主要干扰，导致高速铁路与普速铁路衔接地区的行车组织工作成为整个高速铁路行车组织工作的一个重点，对于列车运行调整来说，就是上线晚点列车如何调整的问题。从国外高速铁路实际运营经验看，高速铁路只要与其他线路衔接，其衔接点的运输组织工作就需要高度重视。如法国高速铁路，由于采用高速列车下高速线运行的运营方式，其行车组织工作的困难不在高速线本身，而在于延伸线路与高速线路的协调；德国高速铁路各大枢纽站引入方向多，各方向列车的良好接续就成为德国高速铁路行车组织工作的重点。

另外，由于受到经济条件和技术水平的限制，我国在一定时期内不可能有较多的备用动车组，高速列车运行紊乱必然导致动车组折返交路的紊乱，特别是在列车密度较大、高速动车组采用不固定区段使用方式时，问题会更突出。再者，由于不同速度混行，列车速差大，运行图上高速列车的均衡到发性差，一定程度上也会影响动车组的良好接续。因此，当列车运行紊乱时，高速动车组的合理、高效运用将成为高速铁路列车运行调整的另一个重点。

5.6.2 调整原则

1. 由列车调度员单一指挥

当列车运行紊乱，尤其是在灾害及事故情况下，列车运行须大面积调整。由于影响面大，此时应以尽快恢复列车正常运行为核心，相应调整动车组运用计划、乘务计划及供电计划等，必要时由调度所主管统一协调，但列车运行调整计划必须由列车调度员制订及下达。

2. 以安全为前提，以正点为核心

列车运行计划的调整必须尊重客观条件与规律，不得违规编制调整计划，更不得违反有关行车安全的规定。在此前提下，应尽可能缩小影响面，减少列车晚点时间，甚至恢复正点。

3. 服从全局（全线）整体优化目标

列车运行调整计划的实时调整应以全局（全线）整体优化为目标，发挥全局（全线）的整体效益。

4. 尽可能减少对正点列车的影响

尽量减少晚点列车的数量，在编制列车运行调整计划、进行运行调整时，晚点列车应尽可能不影响正点列车。

5.6.3 调整方法

1. 利用冗余时间和储备能力

由于速差及区间的不均衡，高等级列车越行低等级列车时，在一些区间会留下长短不等的冗余时间，这些时间有的可以被晚点列车利用。同时，区间能力不饱和或事先预留的储备能力，也可供列车运行调整使用。在不影响正点列车的情况下，晚点列车插空运行。

2. 压缩停站时间

停站比较多的列车，晚点后可以通过逐站压缩停站时间来恢复正点，但压缩停站时间必须以保证旅客乘降为前提。按计划应停车的车站，不得变停车为通过。

3. 运行速度的控制与调整

为满足列车运行调整的需要，在保证行车安全的情况下，有时要求列车赶点运行，压缩区间运行时间，有时要求列车放点运行，适当延长区间运行时间。

4. 变更越行点

无论是越行列车，还是被越行列车的晚点，都将引起越行点的变化。根据列车晚点情况及其运行速度的变化，正确选择越行点和安排越行方案，是列车运行调整的关键之一。

5. 利用备用运行线

备用运行线在编制计划列车运行图时，是根据一定的原则，与正式列车运行线一起铺画的；如果计划列车运行图是按最大波动量铺画的，节假日、春运和暑运才启用的运行线，平日也可作为备用线使用。当晚点列车采用上述措施仍不能进行有效调整时，可让其利用备用线运行。晚点列车的原运行线可作为前方晚点列车的备用线。

6. 临时停运

当列车（尤其是跨线列车）严重晚点，各种措施都无法有效调整，且由于动车组交路的变更，将引起返回列车始发晚点时，可选择在有条件的车站运休，并按返回列车在该站的图定发车时间正点发车，返回原始发站。

5.6.4 列车运行调整计划的编制

列车调度子系统通过不断编制滚动的列车运行调整计划来实现其调整措施。调整计划有两重意义：一是使计划更接近实际；二是使偏离计划运行线的列车（晚点列车）逐步靠近以致符合计划运行线。

调整计划的编制无异于编制局部的列车运行图，一般采取人机对话的形式，由计算机编制初步方案，人工进行局部调整；或由计算机提出多个可行方案，人工进行挑选。如遇灾害或事故，长时间中断行车后，将重新铺画紧密列车运行图（即按最小的追踪列车间隔时间铺画），直到把受阻的列车全部送到目的地为止。

5.6.5 列车运行调整计划的下达

系统能实时自动地将调整计划传输给相关站段与调度。与前一计划有重大变化的部分（如变更径路与越行站等）要以调度命令的形式下达给有关车站及乘务组，并通知动车组调度员、供电调度员及其他有关工种调度员；如涉及列车交接时间的变化，还应及时通知相邻区段的列车调度员（包括既有线列车调度员）。

5.6.6 向车站传输列车运行信息

调度指挥系统应实时向调度区段管内各站传送列车运行信息，包括到达列车车次、到达时间、发车时间、停靠站台、晚点列车车次、预计晚点时间等。各站列车出发（或通过）后在向调度中心传报发车（通过）时刻的同时，也传送给前方邻站。收到上述信息后，车站服务系统经过编排，定时或实时向旅客发布。

5.7 高速铁路其他调度

5.7.1 供电调度子系统

1. 供电设备状态监控

1）供电监视

实时监视牵引供电系统和电力供电系统各变电所、配电所、分区所、开闭所或开关站等设备的运行状态、带电状态，以及供电质量、重要电量、变电所电源及负荷情况等技术状态信息。

系统提供内容丰富的用户显示界面，具备根据用户设置显示各种图形、图表的功能。接收列车运行状态等信息，实时显示列车运行位置、列车车次、列车速度、列车早晚点、车站股道及区间封锁、临时限速等信息，并能与供电范围、供电状态等显示在同一画面内。采集、处理各种与供电管理密切相关的信息，接收被控站内各种安全监视信息，接收线路灾害报警地点及报警等级等信息。这些信息用于减小灾害损失。

接收综合检测中心牵引供电检测报告，接收由接触网检测车通过无线通信发送来的接触网故障信息（包括故障地点及性质）。

2）远程控制

系统根据停送电计划，自动定时调出相应区段的停送电程序，由供电调度员确认后，自动向相关工种调度员发送操作请求，收到请求批复信息后，自动执行控制指令。系统根据发生故障的内容，自动调用相应的程控，经供电调度员确认后，自动向相关工种调度员发送操作请求，收到请求批复信息后，自动执行切除故障设备、恢复供电的指令。正常情况下，在控制中心内实施遥控，控制方式一般为程控。当控制中心不能实施控制时，可以由电力调度员下达命令，由综合维修段牵引供电车间内的维修管理系统实施遥控；极端情况下，可以派人到所内执行控制命令。

为了节省倒闸操作所占用的天窗时间，提高天窗利用率，各个不同的作业区间可以同时并行实施停送电控制。

3）单控

单控主要用于对被控站内的某一开关设备的运行状态进行控制、自动装置的投切控制、二次回路的复归控制、保护定值切换等操作。控制方式有两种：方式1——遥控过程严格按“选择—返校—执行”的原则操作执行，确保控制操作准确可靠；方式2——一步操作（直控方式），复归控制采用直控方式。

开关处于“合”位，需要进行分闸控制，当发出执行命令后，显示画面上的该开关“红灯闪烁”，直到分闸位置信号返回变“绿灯”为止。同样，开关处于“分”位置，需要进行合闸控制，当发出执行命令后，显示画面上的该开关“绿灯闪烁”，直到合闸位置信号返回变“红灯”为止。当对开关进行合分操作时，同时给安全视频监控系统一个命令，使系统追随该开关进行图像画面显示。

4）程控

程控完成对被控站一系列开关设备按预定的顺序进行状态控制。程控分为站内程控和站间程控两种。程控操作就其执行过程而言与单控相似，它是若干个单控过程的组合。程控的执行具有手动一次启动、手动逐条执行和条件自动（经人工确认）执行等方式。程控内容可由用户根据系统控制需要编制，采用表格定义方式，允许加入执行条件判断。在程序控制执行前首先自动检查各控制对象是否具备控制条件，若不具备程控条件，列出不具备控制的控制对象，并提醒值班人员注意。在程控过程中可以人为终止程控的执行。

（1）站内程控。

通过鼠标（键盘）操作对某一被控站内的一系列开关设备按预定顺序进行状态控制。程控选择后，不对位开关进行预闪提示以防误操作。

（2）站间程控。

通过工作站监视画面，利用鼠标（键盘）能很方便地对两个以上被控站的系列开关设备按预定顺序进行状态控制。此过程一次完成，不需切换各站画面。站间程控条件可涉及多个被控站，在程控过程中可实时监视各被控站开关的变化情况及相应电网带电状态的改变，此功能特别利于电力事故消除后快速恢复供电。

5）容错、自诊断、自恢复功能

系统具有高度的容错能力，除了关键设备冗余配置外，系统定时检查各网络设备及软件模块等的运行状况，并采用故障模块隔离措施，任一硬件故障都不会造成系统的停运，任一软件模块的故障仅影响该模块本身的功能，而不会使整个系统瘫痪，一旦发现故障情况立即做出相应的处理并报警。

系统具有自启动、自恢复功能，在复电或从严重故障中恢复时，能自动启动并恢复正常运行，保证系统安全可靠运行。能对整个系统的运行状况实施监视，具有故障自诊断功能，并能以图表来直观反映，对运行设备的故障发生时间和恢复时间能自动记录，并能自动报警提示维护人员。

系统具有对各通道进行监视的功能，还能对通信质量进行监视。若有通道故障，能发声报警，自动切换通道。

6）其他安全操作

其他安全操作如挂地线操作，当进行该操作后即可实现对相关对象的闭锁操作。另外，系统考虑了基本的安全操作因素，自动闭锁不安全操作。调度员还可以进行遥信、遥测闭锁等操作，此时停止对画面相关对象的实时信息刷新。

7）视频监控

通过视频监控设备，对重要场所及无人值班场所进行视频监控。经传输通道传送至调度中心的显示屏，能够对图像信息进行存储和回放。

接收报警并进行报警处理，可通过操作计算机鼠标，手动/自动实现视频图像的任意调用、切换，对任意一个被控站进行召唤显示，能对任意单幅、四幅、九幅、十六幅视频画面进行切换。对指定场所视频监控设备进行远程控制，如云台的上下、左右转动，镜头的变焦、变光圈，报警灯光的控制等。根据环境要求，通过报警控制器可对被控站的照明灯进行开/关控制，对被控站的门禁系统进行远程开/关控制。

对图像数据进行压缩、录像存盘及远程传输，接收监控中心的远程控制命令，对指定场所监控设备进行远程控制。远程图像按标准实时显示，没有明显的滞后现象。图像可保存、显示、定格和回放。用户可随时启动、关闭硬盘录像，并可设置硬盘自动刷新功能。能对所需要的视频图像进行冻结，不清楚时可进行图像增强。当指定场所任一报警探头检测到报警时，摄像机自动切换到该报警区域，并将现场图像存盘，并立即与监控中心建立通信联系，进行远程图像报警，同时提供声光报警。

2. 维修基地供电管理

维修基地供电管理功能主要为监测牵引供电系统的运行状态，对维修进行集中化管理。正常情况下不具有控制权，在特殊情况下，可通过软件开放控制权，可对全线牵引供电设备进行远程控制。可监控电力供电设备的质量状况、运行方式及安全运行状况。

1）供电设备状态监控

（1）信息监视功能。

实时监视牵引供电系统运行状态、设备带电状态、供电质量、变电所电源负荷情况等主要设备的技术状态信息，实时动态显示设备（开关、主接线、贯通线等）的带电状态。接收列车运行状态等信息，实时显示列车运行位置、列车车次、列车速度、列车早晚点、车站股道及区间封锁、临时限速等信息。

（2）远程控制功能。

通过可靠、完善的遥控功能，实现对牵引供电系统设备的远程控制操作，遥控过程具有严格的防误操作闭锁措施，确保控制操作准确可靠。

（3）视频监控功能。

通过视频监控设备，可对重要场所及无人值班场所进行视频监控。

2）维修作业计划管理

接收供电计划、综合维修计划、列车运行调整计划、牵引供电系统维修计划、检修计划。并根据上述计划编制供电设备维修和检修实施计划，将具体分工落实到班组，确定维修和检修现场负责人、联络人，并发送至调度所进行备案，发送至班组作为执行依据。

3）供电设备管理功能

对主要供电设备建立履历管理数据库，对各主要设备建立运行、维修台账，对设备档案、参数及检修记录进行统计管理，结合实时采集的数据，全程跟踪设备运行状态、并对设备状态进行评估。

4）预警、报警功能

对供电设备重要故障及事故信息进行实时采集和分析，研究并制定抢修预案。迅速组织查找故障点和故障原因，尽快组织抢修，恢复供电，最大限度缩小故障范围。

5）故障点标定功能

通过对关键故障参数值的采集，经过故障点位置推算，给出接触网故障点距离值及公里标，能够有效地缩短故障查找时间。

3. 计划停电与故障处理

凡涉及调度权限的停电作业，必须由调度员发布作业命令才允许进行作业。对于牵引供电设备的停电计划，由接触网工区、牵引变电所、开闭所、分区亭的值班人员（无人值守的所、亭一般由检修班组）于作业前一天向供电调度员提报停电计划。供电调度员将停电作业计划进行综合安排，确定拟停电的区段及时间，与列车调度员共同研究按计划兑现，并在作业前2h通知作业组。凡涉及行车的计划停电作业，按相关规定报批。涉及行车的临时停电作业，按上级批准的电报由供电调度员组织实施。

当遇有危及人身、行车和供电安全的故障需立即进行停电作业时，可立即向列车调度员申请停电作业命令。大修、改造等项目的施工应由上级部门批准后开展。

接触网的停电计划，应指明作业地点和内容、停电范围、封锁区段、工作领导人姓名，以及与其相距较近的其他导线的运行状态。设备检修完毕，作业组要令人向供电调度员汇报工作情况及设备状态。当进行停电作业遇有特殊情况不能按时完成时，应提前15 min向列车调度员申请延长停电时间，列车调度员同意后方可延长作业时间。

遇有牵引供电、信号供电系统发生故障影响运输时，供电调度员要迅速组织处理故障、查找原因，并立即向上级领导汇报，同时通知同级业务主管部门和相关的供电段。设备损坏严重、影响行车时间较长时，铁路局供电调度员要立即报告机务处和国铁集团调度。故障抢修时，值班供电调度员与列车调度员密切配合，掌握供电和行车方面的具体情况，及时下达抢修命令，尽快恢复供电。遇有危及人身、设备、行车安全的紧急情况时，供电调度员可发布口头命令进行单项操作，并做好记录。

在故障情况下，供电调度员有权调动管内所属交通工具、材料、人员等，用于故障和事故抢修。在抢修作业中，抢修组要指定专人与供电调度员时刻保持联系，抢修完毕后应将事故概况、处理结果、遗留问题、尚须继续处理的项目及时报告供电调度员。

5.7.2 高速铁路旅客服务调度

高速铁路十分注重高质量的旅客运输服务，要求配备完善的站车服务系统。高速列车旅途服务设施虽然很齐全，但对于旅客急病救治、刑事案件的处理、列车晚点的赔付等问题，列车上往往无能为力，必须依靠车站和地方政府，此时须通过调度指挥系统进行统筹安排。另外，灾害和事故造成旅客列车受阻，大批滞留旅客需要疏运，也要通过调度指挥系统才能得到解决。为此，在高速铁路调度所设置了旅客服务调度员，专门处理上述事宜。

在安全、高速、正点行车的基础上，强调旅客服务是高速铁路的突出特点。高速铁路客运服务的工作重点包括：实时监视客流情况、客票发售情况，监督列车运行及早晚点状态，实施乘务管理，协调配餐与清洁服务，对大型车站重点部位进行视频监视，发布各种旅客服务信息，列车运行紊乱或突发事件发生时提出旅客疏运方案等。

1. 高速铁路旅客服务子系统的构成

由于旅客服务子系统是一个实时系统，日常工作较为简单，而在非正常情况发生时，需要与相关系统和部门及时联系。高速铁路旅客服务子系统通过交换机、路由器等设备与高速铁路运营调度系统内的其他子系统、铁路局运营部、车站等部门进行信息交换。高速铁路客服子系统的硬件设备包括服务器、客户机及其他相关设备。

1）服务器

服务器是用于储存、处理、传输信息的，它是用户局域网中的重要设备，主要功能有数据通信、信息处理、数据库访问服务、文件访问服务、图形显示服务、应用软件服务等。旅客服务子系统设有数据库文件服务器，为系统提供数据库访问服务。旅客服务子系统设有高性能的应用服务器，完成系统的数据通信、信息处理等任务，并向网上的实时用户和管理用户提供多种应用软件服务；通信服务器负责系统内部客户机之间、与沿线各车站、相关部门及系统间的信息交换和处理，通信服务器能够减轻应用服务器的负荷，提高系统的整体性能。

2）客户机

客户机直接为用户服务，由工作站、显示器、键盘、鼠标组成。它的主要功能有：以图形方式显示列车计划运行图和列车实际运行图、显示车站设备状态和列车的位置、输入客户的要求和命令、查询有关的信息、显示安全报警信息、提供打印图表等。

旅客服务子系统配备了标准客户机系统，对全线路进行统一管理。系统可利用客户机系统提供的图形界面，通过网络访问获取数据库服务器和应用服务器所提供的数据库服务、通过通信服务器与其他系统和部门进行信息交换、查看车站和列车运行状态信息。

2. 调度所旅客服务功能

1）旅客服务监督

实时接收与旅客服务相关的信息，监督列车运行及各类异常情况发生时对旅客服务造成的影响。

（1）列车运行状态监督。

旅客服务调度子系统实时接收本调度所、其他铁路局调度所、既有线调度所的列车运行调整计划、列车运行实绩信息、列车运行早晚点信息、列车运行早晚点预测信息等，以列车运行图和列车时刻表的方式进行显示，显示方式和具体内容与列车调度功能中的列车运行计划显示部分一致。

旅客服务调度子系统实时接收列车运行状态、车次号、信号设备状态等信息，以图形方式显示列车在车站和区间的位置、列车车次等，显示方式和具体内容与列车调度功能中的列车运行监视部分一致。

旅客服务调度子系统追踪重点列车，可在站场显示画面和地理信息系统中显示，显示方式和具体内容与列车调度功能中的列车运行监视部分一致。

旅客服务调度子系统根据列车运行计划、列车运行调整计划、列车运行早晚点信息、列车运行预测信息、影响列车运行的各类信息等，对由于旅客列车晚点等造成的客流异常或旅客滞留，以及由此引起的旅客换乘困难进行预警和报警。

（2）旅客服务信息监督。

旅客服务调度子系统实时接收影响旅客运输的各类信息，包括事故、天气、灾害、列车限速、设备故障报警等信息，并将受影响情况通知列车长和沿途各车站。旅客服务调度子系统实时接收管辖范围内列车编组、上座率、各站中转旅客人数、动车组周转、中转列车接续，以及列车乘务组等信息。

旅客服务调度子系统接收管辖范围内沿线各站不同车次、座别客票发售信息，接收当前客票需求信息和未来几天的客流预测信息，接收在线列车补票信息，以及车上实际剩余座别数量情况。

旅客服务调度子系统实时接收旅客列车发来的服务请求信息，了解列车上发生的紧急情况，组织安排沿途车站救援，并向列车发送救援准备信息。

（3）视频监视。

旅客服务调度子系统对大型车站关键场所进行视频监控，以图形、图像等方式实时监视旅客列车的运行状态，监视内容包括：大型车站站台和设备、列车在灾害或事故地点的图像等。对多个视频画面同时进行显示，在同一时间对同一场所进行不同视角监视，以及在同一时间对不同场所进行监视。

（4）旅客服务设备状态监督。

旅客服务调度子系统监督管辖范围内所有涉及旅客服务的相关情况，包括与旅客服务功能相关的各类终端，如接收乘务计划、调度命令、旅客服务信息等的终端设备，接收旅客服务设备的工作状态信息，显示设备故障信息并进行报警提示。

2）旅客服务信息管理

旅客服务调度子系统集中管理与旅客服务有关的各类信息和预测信息，进行显示、分类存储、归档和汇总，以便调度员在最短的时间内对影响旅客服务的事件进行处理。

（1）列车运行调整方案建议。

制定晚点列车运行调整建议方案，根据接收到的列车运行状态信息、列车运行实绩信息、列车运行预测信息、影响旅客运输的各类信息等，在系统知识库的支持下制定旅客接续运输方案，并向列车调度员提出晚点列车运行调整建议。

旅客列车受阻时，旅客服务调度员协同列车调度员、动车调度员等制定疏运与安置方案。

（2）旅客服务信息发布。

旅客服务信息发布的范围包括车站和相关调度台，以及既有线相关车站和调度台等有关单位。

旅客服务调度子系统根据列车运行计划、列车运行调整计划、列车运行早晚点信息、列车运行预测信息、影响列车运行的各类信息等，自动生成相关的旅客服务信息，并自动向站、车及有关单位发送。

旅客服务信息的内容包括列车实际到达时刻、停站时间、停靠站台、列车早晚点时间等。车站在得到相关旅客服务信息后通知有关部门进行配餐及清洁准备工作。旅客服务调度子系统根据从气象部门接收到的沿线气象信息，向沿线各站和列车发布沿线天气信息。

（3）工作日志管理。

旅客服务调度子系统提供工作日志管理工具，具备工作日志编辑、浏览、标注、存档等功能。

（4）旅客服务信息查询、统计、分析。

旅客服务信息查询、统计、分析，主要涉及：计划运行图及时刻表、动车组交路计划、乘务计划；列车实绩运行图、动车组车底调整计划、乘务组运用调整计划；客票与补票统计数据（包括旅客疏散量、赔付人数和金额等）等。旅客服务调度子系统对列车晚点的原因、旅客疏运及安置方案、突发事件的处理方案等旅客服务信息的相关数据进行统计和汇总，以提升旅客服务质量。

3）乘务计划管理功能

旅客服务调度子系统接收并存储客运乘务计划，包括乘务组编号及担当的车次、乘务区段、出退勤地点及时间、轮休/倒休安排等，并向乘务基地（所）、车站发送乘务计划。系统接收所管辖乘务组当前所在位置信息，自动绘制乘务组出乘实绩，计算各交路的统计指标，如乘务里程、乘务时间、有效劳动时间等。系统接收在线列车乘务信息，除乘务计划包含的内容外，重点关注已出乘时间、剩余乘务时间、超劳情况等乘务信息。旅客服务调度子系统根据列车运行计划、列车运行调整计划、列车运行早晚点信息、列车运行预测信息、影响列车运行的各类信息等，及时预测早晚点对乘务计划的影响，对乘务组超劳情况进行预警和报警，向乘务基地（所）、动车基地（所）发送乘务组超劳预测信息。

在列车长时间晚点、列车受阻、加开列车、停开列车、列车合并运行等情况下，旅客服务调度子系统对乘务计划进行调整，并对乘务调整计划的可行性进行检查，包括是否有可用乘务组等。

4）应急处理功能

当列车运行紊乱或突发事件发生时，旅客服务调度子系统提出旅客疏运方案。当发生突发事件时，旅客服务调度子系统提出紧急处理预案、旅客疏运方案，提出列车运行调整方案建议。

因灾害、事故造成旅客列车受阻时，旅客服务调度子系统根据掌握的客流、客票信息，提出客流疏运安置预案，并通过系统同列车运行调度台、动车组调度台等协商，制定疏运与安置方案，并将方案通知车站或列车长，并按方案的分工组织实施。

3. 乘务基地（所）功能

乘务基地（所）的功能如下。

（1）实时接收、显示调度中心传来的列车运行调整计划。

（2）接收调度所发来的乘务组超劳情况预告信息。

（3）接收并存储乘务计划，包括乘务组编号及担当的车次、乘务区段、出退勤地点及时间、轮休/倒休安排等。

（4）接收在线列车乘务信息，除乘务计划包含的内容外，重点关注已出乘时间、剩余乘务时间、超劳情况等乘务信息。

（5）接收所管辖乘务组当前所在位置信息，接收乘务组出乘实绩，接收各交路的统计指标，如乘务里程、乘务时间、有效劳动时间等；以图形、表格等需要的形式显示、输出乘务实绩。

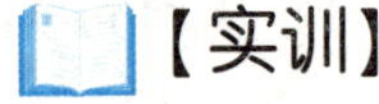

【实训】

高速铁路调度指挥实训

【实训目标】

（1）掌握高速铁路调度指挥的作用、高速铁路调度组织机构及职责、高速铁路计划调度等相关知识。

（2）掌握高速铁路列车调度、高速铁路动车组调度、高速铁路列车运行调整及高速铁路其他调度等相关知识。

（3）培养初步的自主学习能力。

【实训内容与要求】

第一步：由教师介绍实训的目的、方式、要求，调动学生实训的积极性。

第二步：对学生进行分组，确定各小组的组长和人员分工。

第三步：由教师介绍高速铁路调度指挥知识并宣布讨论的问题。

第四步：各小组对教师布置的问题进行讨论，并记录小组成员的发言。

第五步：根据小组讨论记录，撰写讨论小结。

第六步：各小组相互评议，教师点评、总结。

【实训成果与检测】

成果要求：

（1）提交案例讨论记录：3~5名学生为1组，设组长1人、记录员1人，每组必须有小组讨论、工作分工的详细记录，以作为考核成绩的依据。

（2）能够在规定的时间内完成相关的讨论，撰写小结。

评价标准：

（1）上课时积极与教师配合，积极思考、发言。

（2）认真阅读案例、积极参加小组讨论、分析问题思路较宽。案例分析基本完整，能结合所学理论知识处理问题。

（3）小组成员积极参与小组活动，团队分工合作情况较好。

项目 6

高速铁路非正常情况行车与事故救援

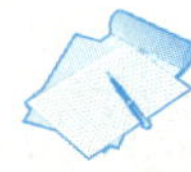

【知识目标】

- 了解双线反方向行车；
- 了解事故救援组织规定与救援设备。

【技能目标】

- 能够根据高速铁路非正常情况下的行车规定完成相关工作；
- 能够根据高速铁路事故救援的规定完成相关工作。

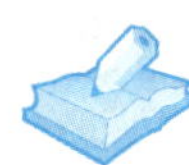

【学习重点及难点】

- 学习重点：双线反方向行车、事故救援组织与救援设备。
- 学习难点：高速铁路非正常情况下的行车、高速铁路事故救援。

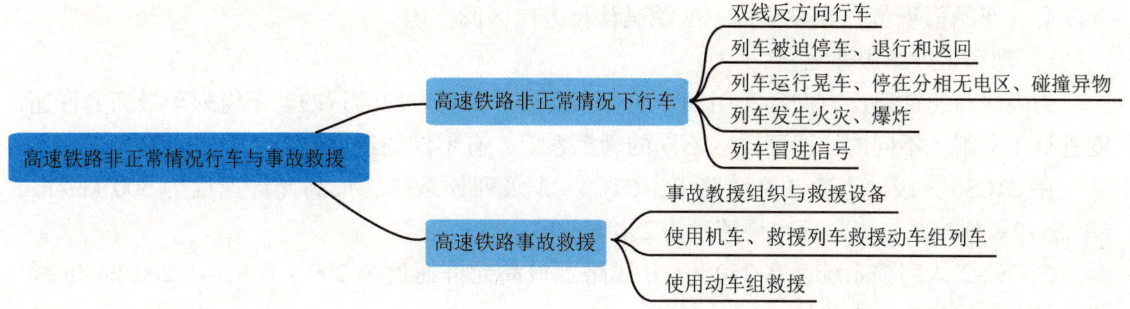

6.1　高速铁路非正常情况下行车

高速铁路在日常行车工作中，由于自然灾害、设备故障、人为失误等原因，导致列车运行状态、秩序不正常，这些问题如果不能得到准确的判断、及时正确的处置，就有可能导致行车事故的发生，产生严重的后果。列车调度员及相关人员必须根据发生的具体问题，做出及时、准确的应急处置，在保证安全的前提下，尽快恢复行车秩序，避免行车事故的发生，所以，非正常情况下的行车组织，是高速铁路行车组织必不可少的重要内容之一。

6.1.1　双线反方向行车

《铁路技术管理规程》规定，在双线区间，列车应按左侧单方向运行。左侧运行方向称为正方向，相应的信号、联锁、闭塞等行车设备也是按此设置的，行车安全有着可靠的保证。同时，根据我国高速铁路列车追踪运行的特点，列车在各自的线路上正方向运行时，互不干扰，能保证最大的通过能力，发挥最大的效益。

在正常情况下，高铁列车应按正方向行车。在正方向线路不能使用或设备故障，而列车必须要利用反方向线路行车时，必须遵守相应的规定，并采取特殊的行车办法。

1. 双线反方向行车规定

双线区间列车反方向运行时，改变了线路正常运行方向，对行车安全、效率都有不利影响。

为了保证旅客列车运行安全，对旅客列车反方向运行应严加限制，只有在正方向区间发生下列四种特殊情况时，经铁路局调度所值班主任（值班副主任）准许，方可反方向运行：线路封锁；发生自然灾害；因事故中断行车；设备故障，严重影响列车运行秩序，而反方向自动站间闭塞设备良好。

2. 双线反方向行车办法

1）列车调度员发布调度命令

当需要在双线区间反方向行车时，为使司机及车站值班员掌握行车方式的变化，列车调度员要发布调度命令，使有关人员按规定作业，确保行车安全。

2）列车按站间区间间隔运行

列车反方向运行时，按站间间隔运行。由于反方向线路上未装设通过信号机，所以列车调度员（车站值班员）在发车前，必须确认反方向区间空闲。

3）动车组列车限速运行

为确保高速铁路反方向动车组列车的行车安全，对反方向运行的动车组列车最高允许速度进行了限制。不同的线路区段，不同的列控系统，有不同的速度要求。

在 CTCS－3 级的高速铁路线路上，CTCS－3 级列控系统，最高允许速度为 300 km/h；CTCS－2级列控系统，最高允许速度为 250 km/h。

CTCS－2 级列控系统，在 250 km/h 线路上最高允许速度为 200 km/h，在 200 km/h 线路上最高允许速度为 160 km/h。

6.1.2 列车被迫停车、退行和返回

列车在区间正常运行时，非信号显示和作业需要，无须停车、退行和返回后方车站。遇特殊情况导致列车不能继续向前运行而停车，甚至需要退行一段距离或返回后方车站时，相关人员应根据不同情况采取特定的处置办法。

1. 列车在区间被迫停车

列车在区间被迫停车，是指列车在区间因线路中断、接触网停电、动车组（电力机车）故障或停在分相无电区、制动失效及其他机车车辆故障等原因，导致列车不能按信号显示（行车凭证）继续向前运行的情况。需要注意的是，列车在区间因作业需要、地面信号和车载信号显示停车或显示不明、接到停车的通知而停车，以及发现线路上有行人、异物等而临时停车，均不属于列车在区间被迫停车的范畴。

1）应急处置规定

（1）列车司乘人员的应急处置。

列车在区间被迫停车不能继续运行时，根据单一指挥的原则，随车机械师（车辆乘务员）、客运乘务组均应听从司机指挥，并遵循以下处理流程。

①立即报告。司机应立即使用列车无线调度通信设备报告列车调度员（或两端车站值班员），通知随车机械师（动车组以外的列车为车辆乘务员），报告停车原因和停车位置。

②请求救援。司机应根据需要迅速请求救援。已经请求救援的列车，不得移动位置，并应按规定做好防溜，及时进行防护。

③按规定防溜。列车在区间被迫停车后，应保证就地制动，防止列车溜逸。在带电接触网下，禁止登上制动台拧闸，只能站在车下使用紧固器拧紧人力制动机进行防溜，以防止触电。

④及时防护。需要防护时，列车前方由司机负责，列车后方由随车机械师（动车组以外的列车为车辆乘务员）负责。配备列车防护报警装置的列车，应首先使用防护报警装置进行防护。对于既无随车机械师，又无车辆乘务员的单班单司机值乘的货物列车，一般不准进入高速铁路线路运行。特殊情况下进入高速铁路线路时，防护办法由铁路局结合本局实际情况进行规定。

(2) 列车调度员（车站值班员）的应急处置。

列车调度员（车站值班员）在接到司机被迫停车的报告后，应采取以下应急处置措施。

①应将该区间内运行列车的情况通知被迫停车的列车司机。

②立即使用列车无线调度通信设备，通知该区间内后续列车停车。

③在列车被迫停车原因消除前，不得再向该区间放行列车。

2）被迫停车可能妨碍邻线的处理

列车在区间发生脱轨、颠覆等事故或其他原因被迫停车时，司机及随车机械师（车辆乘务员）应认真观察，注意是否妨碍邻线。可能妨碍邻线时的处理办法如下。

(1) 司机应立即用列车无线调度通信设备，通知邻线上运行的列车并通知列车调度员(或两端站车站值班员)。

(2) 司机与随车机械师（动车组以外的列车为车辆乘务员）分别在列车头部和尾部附近短路邻线来车方向轨道电路。

(3) 配备列车防护报警装置的列车，应首先使用列车防护报警装置进行防护。

(4) 司机亲自或指派人员沿线路一侧对列车进行检查，发现妨碍邻线时，立即报告列车调度员（两端站车站值班员)。如发现有车开来时，司机应鸣示紧急停车信号。

(5) 列车调度员（两端站车站值班员）接到列车被迫停车可能妨碍邻线的报告后，应立即通知邻线有关列车停车，在妨碍邻线行车的原因消除前，不得向邻线放行列车。

3）列车在区间被迫停车后的防护办法

为保证列车运行安全，列车被迫停车后，应按以下规定对列车进行防护。

(1) 已请求救援时，因为列车调度员已在调度命令中，指明了被迫停车列车所在的位置，所以救援列车司机心中有数，可以提前减速，能在300 m内停车。要求防护人员从救援列车开来方面（不明时，从列车前后两方面)，距离动车组列车以外不小于300 m处放置响墩防护。

(2) 在仅运行动车组列车的线路上，列车在区间被迫停车后已请求救援时，由于动车组轴重轻，运行速度高，响墩防护对动车组列车运行存在安全隐患，因此规定不再放置响墩防护。《铁路技术管理规程》规定：由随车机械师在救援列车的来车方向，距离停车列车不少于300 m处，使用停车手信号进行防护，不再放置响墩防护。

(3) 列车分部运行，机车进入区间挂取遗留车辆时，应从遗留车前方距离不小于300 m处放置响墩防护。

(4) 防护人员设置的响墩在停车原因消除后，由防护人员撤除。

2. 列车在区间退行、返回

列车因自然灾害、发生事故或其他原因，在区间不能正常行车时，如果列车在区间换乘或疏散旅客，地点很难选择，组织工作十分困难，也很不安全。在这种情况下，列车调度员可根据司机请求，准许列车退行至最近的车站，在站台上疏散旅客或安排旅客换乘。列车在区间退行或返回时，应执行《铁路技术管理规程》的有关规定。

1）列车在区间退行

(1) 区间退行。

列车在区间因自然灾害、发生事故或其他原因必须退行时，应执行下列规定。

①列车在区间退行时，列车调度员必须扣停后续列车，并确认退行距离内的闭塞分区空闲后，再通知司机退行。

②退行时，随车机械师（车辆乘务员）或指派的胜任人员应站在列车尾部，注视运行前方（不显示信号）。发现危及行车或人身安全的情况时，应立即使用紧急制动装置（紧急制动阀），或使用列车无线调度通信设备通知司机，使列车停车。

③动车组以外的列车退行时，司机在后端操作，瞭望条件不良，为确保行车安全，列车退行速度不得超过15 km/h，以便发现情况时能随时停车。

（2）退行至站内。

①列车若需退行至站内，列车调度员（车站值班员）应确认列车至后方站间已空闲。

②列车调度员（车站值班员）根据线路占用情况，可开放进站信号或按照引导接车办法将列车接入站内。

③退行列车的前端人员在进站前，应及时将进站信号或引导信号的显示状态通知司机，司机根据信号显示运行。

④动车组列车若需退行至站内，列车调度员应发布调度命令。

（3）动车组列车退行时，司机根据调度命令，改按隔离模式退行。

（4）在降雾、雨、雪及其他不良条件下，难以辨认信号，也不利于瞭望确认，不准退行。

2）动车组列车由区间返回

动车组列车在区间被迫停车后，必须返回后方站时，应执行下列规定。

（1）发布调度命令。

列车调度员（车站值班员）确认动车组列车至后方站间空闲后，发布准许动车组列车返回后方站的调度命令。

（2）换端操作。

由于动车组列车两端均设有司机室，在前端司机室设备正常的情况下，司机应采用换端牵引方式返回。

（3）隔离模式运行。

司机应根据调度命令，将列控车载设备转为隔离模式运行，运行速度不得超过40 km/h。

（4）进站凭证。

进站时，应凭进站信号机显示的允许信号进站。

6.1.3 列车运行晃车、停在分相无电区、碰撞异物

列车在运行过程中，发生晃车、碰撞异物、电力机车牵引的列车或电力动车组停在分相无电区等情况，均属列车运行的异常情况。必须采取必要的安全措施，并及时向列车调度员报告，以便列车调度员采取运行调整措施或救援措施，保障行车安全。

1. 列车运行晃车

司机在列车运行途中发现晃车时，应立即减速运行，并向列车调度员（车站值班员）报告晃车地点及晃车时列车的运行速度。待本列无异常状况后，恢复常速运行。车站值班员

接到司机有关晃车的报告，应立即报告列车调度员，以便对后续列车采取措施。

1）晃车发生在160 km/h以下速度时的原因分析及处理办法

列车运行速度为160 km/h以下的较低速度时发生晃车，有可能是线路设备、环境出现对行车安全影响较大的不利情况。为确保后续列车运行安全，列车调度员（车站值班员）应立即通知区间内后续列车停车，并不再向该区间放行列车。在《行车设备检查登记簿》上进行登记，并通知工务部门上道检查。

列车调度员根据工务部门上道检查的申请，及时发布本线封锁、邻线限速160 km/h及以下的调度命令，准许上道检查。工务检查设备后，根据现场具体情况，在《行车设备检查登记簿》上进行登记，确定列车放行条件。

2）晃车发生在160 km/h及以上速度时的原因分析及处理办法

司机在列车运行速度为160 km/h及以上发现晃车时，应立即减速并向列车调度员（车站值班员）报告。列车调度员应向后续首列车发布限速120 km/h的调度命令，限速位置按司机汇报的晃车地点前后各1 km确定。

列车通过晃车地点后，司机应立即向列车调度员报告运行情况。若仍晃车，列车调度员立即通知已进入区间的后续列车停车，不再向该区间放行列车；在《行车设备检查登记簿》上进行登记，通知工务部门上道检查；根据工务部门上道检查的申请，及时发布本线封锁、邻线限速160 km/h及以下的调度命令后，准许上道检查。工务检查设备后，根据现场具体情况，在《行车设备检查登记簿》上进行登记，确定列车放行条件。若不再晃车，则逐步恢复到正常速度。

3）逐列提速过程中再次发生晃车时的处理

在逐级逐列提速的过程中，再次发生晃车时，有可能是行车固定设备异常引起的晃车。列车调度员应立即通知已进入区间的后续列车停车，不再向该区间放行列车，通知工务部门上道检查。工务人员检查设备后，根据现场具体情况，确定列车放行条件。如列车速度达不到逐列提速等级时，应依次降级（经工务部门检查、处理时除外），直至达到相应速度等级，不再晃车时，方可恢复运行。

2. 列车停在分相无电区

电力机车牵引的列车和动车组列车，因故停在接触网分相无电区，而不能继续运行时，司机应立即降弓，并立即报告列车调度员（车站值班员）。列车调度员（车站值班员）应立即通知区间内的后续列车停车，并不再向该区间放行列车，以便进行列车运行调整和后续救援工作。

1）自救处理

由于电力机车、动车组均有两个受电弓，当停在接触网分相无电区时，可以根据具体的停车位置、本身的设备条件、牵引供电设备状况等，确定是否可以采用换弓、退行闯分相等方式自救。

当具备自救条件时，司机应准确报告电力机车（动车组）停车位置，由列车调度员、供电调度员、机车调度员（动车调度员）共同根据电力机车（动车组）类型、停车位置、牵引供电设备状况等确定自救方案，组织自救。

2）不能自救的处理

当不具备自救条件时，可根据是否具备向中性区送电条件，进一步确定救援方案。

（1）当具备向中性区远动送电时，可在该分相后方接触网供电臂办理停电后，由列车调度员向供电调度员办理向中性区远动送电手续，通知停在该分相的列车司机升弓，待该列车驶出分相区后，再通知供电调度员恢复原供电方式，并向后方接触网供电臂送电，恢复后续列车正常运行。

（2）当不具备向中性区远动送电时，只能利用机车或动车组进行救援。救援前，列车调度员发布邻线限速 160 km/h 及以下的调度命令，司机组织相关人员按规定对列车进行防护，并确认列车前、后方接触网无电区长度后，向列车调度员报告。列车调度员根据前后无电区长度及列车运行情况，确定具体救援方案。

3. 列车碰撞异物

高速铁路线路上运行的列车，发生碰撞异物影响列车安全运行时，列车司机、列车调度员等有关人员应按《铁路技术管理规程》规定处理。

1）列车碰撞异物的处理

（1）立即停车并报告。

当列车运行中碰撞异物影响行车安全时，为确保本列运行安全，司机应立即采取停车措施，并向列车调度员（车站值班员）报告碰撞异物地点、情况及停车地点。动车组列车司机还应通知随车机械师对列车进行检查。

车站值班员接到司机的报告后，应报告列车调度员。为防止后续列车再次发生碰撞，同时考虑到发生碰撞的列车不能正常运行等情况，列车调度员（车站值班员）应立即通知本线已进入区间的后续列车停车，并不再向该区间放行列车。

（2）需下车检查时的处理。

需下车检查时，司机向列车调度员申请本线封锁、邻线限速 160 km/h 及以下的调度命令。司机在接到列车调度员已发布相关调度命令的口头指示后，下车检查（动车组列车为司机通知随车机械师下车检查）。

经检查列车可以继续运行时，司机应报告检查情况，请求恢复运行。动车组列车司机按随车机械师的要求运行，动车组以外的列车按列车调度员的要求运行。如经下车检查确认不能继续运行时，司机应及时请求救援，并按规定进行防溜操作。

（3）检查无异常，但原因不明的处理。

在未发现异常的情况下，如果原因不明，为确保后续列车运行安全，向后续首列列车发布 160 km/h 限速运行的口头指示，限速位置按碰撞异物地点前后各 2 km 确定。后续首列列车司机运行时应加强瞭望，确认线路和接触网有无异常状态，在通过限速地点后，立即向列车调度员报告。列车调度员在得到后续首列列车司机无异常的报告后，再组织本线后续列车恢复正常运行。如果有影响行车的异常情况时，列车调度员根据司机报告的具体情况，采取扣停后续列车或组织后续列车限速运行的措施，通知有关部门按规定上道检查处理。

2）碰撞异物侵入邻线的处理

（1）迫停邻线列车。

司机应立即通知邻线列车或短路轨道电路迫停邻线列车，并报告列车调度员。

（2）扣停邻线列车。

碰撞异物侵入邻线，影响邻线行车安全时，为防止邻线列车发生意外，列车调度员（车站值班员）在接到报告后，应立即通知邻线尚未经过该地点的列车停车，不再向该区间邻线放行列车。

（3）登记故障，通知有关部门。

在《行车设备检查登记簿》上进行登记，通知工务、电务、供电等有关部门上道检查处理。

（4）销记故障，确定行车办法。

工务、电务、供电等部门上道检查、处理后，在《行车设备检查登记簿》上签字销记，根据处理结果，确定行车办法。

3）碰撞异物对邻线影响情况不明的处理

（1）碰撞异物不能确定是否影响邻线时。为确保邻线行车安全，列车调度员在接到报告后，应立即向邻线尚未经过该地点的首列列车发布口头指示，限速 160 km/h 运行，限速位置按碰撞异物地点前后各加 2 km 确定。通过司机再次确认线路和接触网有无异常、异物是否侵入邻线。

（2）邻线首列列车确认无异常时，报告列车调度员。邻线首列列车司机应加强瞭望，确认线路和接触网有无异常状态，在通过限速地点后，立即向列车调度员报告。列车调度员根据邻线首列列车司机报告，组织邻线后续列车正常运行。

（3）有影响邻线行车的异常情况时，应通知工务、电务、供电等部门。列车调度员接到邻线首列列车司机报告，有影响行车的异常情况时，应根据司机报告的具体情况，采取扣停后续列车或组织后续列车限速运行的措施，通知工务、电务、供电等有关部门按规定上道检查、处理。为防止碰撞异物后对固定行车设备正常使用带来影响，工务、电务、供电部门应在天窗时间对碰撞异物地点前后 2 km 范围内的设备进行重点检查。

6.1.4 列车发生火灾、爆炸

高速铁路列车发生火灾、爆炸，将造成旅客生命、财产和铁路设施的重大损失，必须严加预防。铁路职工组织旅客进站、上车时，应认真检查，严防“三品”进站、上车；在车上整理行李、安全巡视时，如发现“三品”要妥善保管，及时交给车站处理。列车运行中发生火灾、爆炸时，可按以下程序处理。

1. 立即停车报告

（1）司机发现列车车厢有烟雾指示报警时，应立即减速，通知列车长、随车机械师、乘务员等相关人员，立即赶赴指定车厢，查明火情。

（2）相关人员发现火灾、爆炸时，应立即通知司机，并拉动车内紧急制动阀使列车停车。同时应在列车长的领导下，根据情况组织车内人员进行灭火、向两端车厢疏散旅客、救治伤员、安抚旅客等工作。

（3）司机接到火灾、爆炸通知时，应立即停车。停车地点应尽量避开特大桥梁或长大隧道，尽量避开危险品仓库和国家重要设施，同时向列车调度员（车站值班员）报告。迫不得已停在特大桥梁或长大隧道时，要采取特别措施疏散旅客，如通过桥梁升降梯、隧道避车洞等疏散旅客。

2. 迅速疏散旅客并灭火

(1) 列车停在安全地点后，迅速打开列车运行方向左侧着火车厢车门，快速疏散着火车厢内的旅客，待接到列车调度员扣停邻线列车的通知后，再打开右侧车门，防止邻线列车碰轧下车疏散的旅客。

(2) 列车调度员（车站值班员）接到报告后，立即通知邻线相关列车及本线后续列车停车，并不再向该区间放行列车。需疏散全部旅客时，应通知列车长，邻线列车已扣停。

(3) 组织灭火。火情较小能够自行扑灭时，列车长应组织列车乘务人员使用灭火器灭火。使用灭火器时，不准面对面喷射；使用四氯化碳灭火器扑灭高压电器着火时，由于这种灭火剂有毒，应站在 3 m 以外，并不可逆风使用，严禁相互对射。火灾扑灭后，注意通风，以防窒息。

不能自行扑灭时，应及时拨打火警电话，请求消防灭火。接触网未停电前，因高压电条件下，普通消防用水能导电，不得用水直接喷射接触网，应隔开 2 m 以上的安全距离。当着火点距离接触网不足 4 m，需要停电灭火时，司机必须向列车调度员与供电调度员报告，办理停电手续。明确接触网已停电后，才能进行灭火，以保证灭火安全。

3. 摘解、分离着火车辆

为避免火势蔓延，动车组以外的列车停车后，应立即将着火车辆拉开，停于适合停车的位置。如数个车辆同时着火，在时间、地点和其他条件允许时，应尽快拉开距离，以分散火势，这样既便于灭火，又可防止烧坏接触网及其导线。

1）重联动车组列车分隔甩车办法

重联动车组列车需分解时，由随车机械师负责引导，司机确认并拉开安全距离。解开后，动车组应分别按规定采取防溜措施。

2）动车组以外的列车分隔甩车办法

动车组以外的列车，需要分隔甩车时，应根据风向确定分隔甩车位置。根据经验，一般先甩下列车后部的未着火车辆，再甩下着火车辆，最后将机次未着火车辆拉至安全地段。

对于甩下的车辆，在车站的由车站人员负责采取防溜措施；在区间的由司机、列车长、车辆乘务员、客运乘务员等人员负责采取防溜措施。

6.1.5 列车冒进信号

通常情况下，列车冒进信号是指运行中的列车前端任何部位，越过置于关闭状态的进站、进路通过、出站信号机或者相当于信号机的标志。

当发生列车冒进信号后，司机应立即停车，并报告列车调度员（车站值班员），以便列车调度员（车站值班员）查明情况后采取措施，组织有关行车工作。在车站咽喉区，为了防止挤岔后移动造成脱轨或与其他作业产生冲突等情况，冒进信号后不得擅自动车。

1. 冒进进站（接车进路）信号机

列车冒进进站（接车进路）信号机时，应按以下规定处理。

(1) 列车司机应立即停车，并将冒进信号的详细情况报告列车调度员（车站值班员），不得擅自动车。列车调度员（车站值班员）接到报告后，应立即通知已进入区间的后续列车停车，并不再向该区间放行列车。必要时，应通知值班副主任（值班干部）到岗监控。

（2）发生列车冒进进站（接车进路）信号机时，列车调度员（车站值班员）在确认接车进路准备妥当和列车运行条件具备后，使用列车无线调度通信设备通知司机进站，以免长时间占用区间和车站咽喉区，影响列车运行。

（3）接车进路未准备，且列车停车位置影响准备接车进路时，列车调度员（车站值班员）应通知司机退出有关道岔，待准备好接车进路后，再通知司机进站。

2. 冒进出站（发车进路）信号机

列车冒进出站（发车进路）信号机时，司机应立即停车并报告列车调度员（车站值班员），不得擅自动车。列车调度员（车站值班员）应在具备条件后，布置列车后退。遇到下列情况，需按以下规定处理。

（1）对出发或通过列车，列车调度员（车站值班员）根据实际情况，可在确认发车进路准备妥当、第一个闭塞分区空闲（自动站间闭塞区段为区间空闲）、列车运行条件具备后，使用列车无线调度通信设备，通知司机继续运行。

（2）基本闭塞停用改用电话闭塞，按站间区间行车时，动车组列车司机根据调度命令将列控车载设备转为 LKJ 模式，未装设 LKJ 的动车组列车，改为隔离模式运行。在冒进出站信号的情况下，如果不影响接发其他列车或调车作业时，列车不必后退。准备好发车进路，确认区间空闲，发给司机占用区间凭证后发车。

（3）如果列车不能移动，且必须接发其他列车时，车站值班员首先应确认其他列车的接发列车进路不受影响，通知有关司机注意，并派人进行防护后，方可接发其他列车。

列车冒进信号挤岔时，按挤岔处理方法办理。

6.2　高速铁路事故救援

随着高速铁路的迅速发展，我国高速铁路事故救援体系也逐步形成。为了保证高速铁路行车安全、畅通，铁路部门装备了较为先进的救援设备，成立了较为完善的救援组织，也制定了快速响应的救援预案。主管部门要求各运输企业在日常生产过程中，加强演练，以便在事故发生时，能及时响应，高效处置，迅速、有序地开展各项救援活动，最大限度地减少人员伤亡和财产损失，尽快恢复高速铁路行车秩序。

6.2.1　事故救援组织与救援设备

铁路局在国铁集团指定地点设置救援列车等救援设备，根据运输生产需要，铁路局还应组建不同形式的救援组织，并配备相应的救援设备。

1. 事故救援组织

铁路事故救援组织由铁路局机务部门负责管理，各铁路局机务处均设专人负责事故救援工作。铁路局设置的事故救援条件有：事故救援列车、专业救援班和事故救援队。

事故救援列车必须按照国铁集团指定的地点和等级设置。在救援列车所在地，分专业工种和技术需求，设置不脱产的事故救援班；在无救援列车的动车组列车始发、终到站或规模较大的客运站，按换班制组织若干人员，成立不脱产的事故救援队。

1）事故救援列车

各铁路局救援列车的增设、调整应报国铁集团审批，并在《行车组织细则》中公布。

救援列车设主任一名，领导救援列车的全部工作。救援列车专业人员为救援工作的骨干力量，由机务段挑选身体健康、责任心强、具有一定技术业务水平的人员担任，无特殊理由不得变动。救援列车职工应集中居住于救援列车附近的住宅，具有较为方便的通信工具，以保证迅速集结与出动。休班时间应尽量在家休息，必须离开住宅时，应向救援列车主任说明去向。

救援列车的基本任务如下。

（1）担负救援列车管辖区域的行车事故救援，及时起复机车车辆，清除线路上的障碍，开通线路，保证迅速恢复行车。

（2）负责救援列车管辖区域内各救援队的技术训练和业务指导，以及工具备品的配置、改进、修理和补充工作。

（3）不断分析和总结救援工作的先进经验，改进事故救援方法。

2）专业救援班

在救援列车所在地，由各站、段挑选有救援经验的职工 10 ~ 15 名，分别组成不脱产的各专业救援班。救援班是救援列车的后备力量，其设置目的在于补充救援列车专业人员和技术力量的不足，保证救援任务的顺利完成。

（1）救援班班长由各单位领导人员担任，报上级领导批准后，告知救援列车主任。

（2）各单位救援班的具体人数和召集办法，由救援列车主任商得各单位领导同意后确定。救援班的人员素质除身体健康外，还应注意技术专长的搭配，人员有变动时应及时补充，并告知救援列车主任。

（3）根据事故救援需要，各救援班按调度命令出动。事故救援班所属单位值班人员，接到救援班出动的调度命令后，救援班长应立即召集本单位救援班人员，迅速赶到救援列车处报到，听从救援列车主任指挥，与救援列车协同行动。

3）事故救援队

在无救援列车的动车组列车始发、终到站或规模较大的二等以上客运站，经铁路局负责人批准组织事故救援队，配备简易起复设备和工具。救援队为不需要出动救援列车时，处理轻微脱轨事故的组织。遇有特大、重大、较大事故时，根据需要参加救援工作。

（1）救援队的组成。

救援队设队长 1 名，由值班站长兼任，救援队员 15 ~ 20 名（由车站、机务、车辆、工务、电务、供电、水电、卫生等部门的人员组成）。

（2）救援队的任务。

①积极抢救负伤人员（送附近医院抢救治疗）。

②采取一切措施，起复机车车辆，清除线路上的一切障碍物，迅速恢复行车。

③事故严重时，应于救援列车到达前，做好救援准备和事故现场保护工作。

④保护铁路财产及运输物资（行李、包裹、货物）的安全。

(3) 救援队的召集出动。

救援队所在地设有电话所或电话总机的，救援队长所在单位接到救援调度命令后，立即用电话通知电话所领班，由电话员直接通知有关单位。

在无电话所的车站，由车站值班员直接通知有关单位。有关单位接到出动调度命令后，立即通知救援队长并召集本单位的救援队员，在30 min内迅速赶到指定地点集合。救援队长赶到集合地点后，立即了解事故情况，提出初步救援方案，向列车调度员汇报，征得同意后携带救援工具和备品，赶赴事故现场进行救援工作。

2. 救援设备

在国铁集团指定地点设事故救援列车、热备救援机车、电线路修复车、接触网抢修车，配备应急通信设备。工具备品应保持整洁、作用良好，经常处于整备待发状态。

机车、动车、重型轨道车上应备有复轨器和铁鞋（止轮器)。动车组应配备止轮器（铁鞋)、紧急用渡板、应急梯、过渡车钩和专用风管。救援队在车站适当处所的备品室（库）内，存放必备的起复救援工具、备品、器材，如人字形复轨器、海参形复轨器、手动简易复轨器、千斤顶、钢丝绳、大锤、短钢轨等。

1) 救援列车

(1) 救援列车的编组。

救援列车一般由轨道起重机+平车+工具车+发电车+炊事车+指挥车+宿营车+备品（工具）车+平车+轨道起重机等组成。轨道起重机应挂于救援列车的两端，不得挂于中间。救援列车应编成完整的车列，所有车辆应全部连接完好并接通制动软管，制动机作用保持良好。

(2) 救援列车的停放。

救援列车应停留在所属机务段段管线或所在车站的站线上，该线路应两端贯通，以便在接到出动命令后，不需转线即可直接发车进入区间。救援列车停留线两端的道岔，应扳向不能进入该线的位置并加锁，钥匙由段（站）值班员或救援列车值班员保管。

救援列车所在地点，应设有办公室及生产、生活用房屋，办公室应装设值班电话。

2) 电线路修复车

电线路修复车是为了修复因自然灾害或其他原因造成的信号、通信线路损坏，本身具有动力，装有工具、器材的专用车辆，根据调度命令可单独出动，或编入救援列车开往事故现场。

3) 接触网抢修车

接触网抢修车是为了修复电气化铁道发生接触网断线、电杆及铁塔倒伏、绝缘子破损等而特设自带动力的专用车，一般停放在供电段段管线内，根据调度命令可单独出动，或编入救援列车开往事故现场。

4) 应急通信设备

国铁集团、铁路局应急救援指挥中心建立应急平台，配备相应的应急指挥设施和通信设备，确保事故现场的图像、话音及数据，在规定的时限内传输至应急救援指挥中心。

发生行车特别重大、大事故时，应按规定时限，在事故现场装设电话、图像传输等设备，保证事故现场音频、视频和数据信息实时传输。

5）简易复轨器

简易复轨器是起复脱轨车辆的简易工具，它适用于中间小站、隧道、站台处，起复载重60 t及其以下发生脱轨的空重车辆。该复轨器具有使用轻便、灵活、起复迅速、操作简便安全、便于携带、不需要机械动力等特点。使用手动简易复轨器起复车辆的作业顺序如下。

第一步，用顶起千斤顶，从轮对轴身下面顶起脱轨车辆。

第二步，用横向移动千斤顶，将轮对推至钢轨上方。

第三步，落下千斤顶，将轮对落在轨面上复位。

第四步，撤出手动简易复轨器。

6）专用吊装索具

为使起重机起复脱轨的动车组和新型机车车辆，铁路救援列车配有柔性吊装带、钢丝绳索具、链锁吊索具、夹具和吊钳等专用吊装索具；为减轻或不损伤车体，同时还配备各种吊装护具。不同型号的吊装索具，有不同的尺寸规格和强度。

3. 应急救援预案的启动与实施

1）应急救援预案的启动

接到事故救援报告后，应当根据事故严重程度和影响范围，按特别重大、重大、较大和一般四个事故等级，由相应单位、部门作出应急救援响应，启动应急预案。

（1）特别重大事故的应急救援，由国铁集团报请国务院启动，或者由国务院授权的部门启动。国铁集团在国务院事故应急救援领导小组的领导下开展工作，并开通与国务院有关部门、事发地省级事故应急救援指挥机构，以及现场事故救援指挥部的应急通信系统，征求有关专家及国务院有关部门意见，提出事故应急救援方案，经国务院事故应急救援领导小组确定后组织实施，并派出专家和有关人员赶赴现场参加救援。

（2）重大事故的应急救援，由国铁集团启动。国铁集团事故应急救援工作机构，应当组建现场事故应急救援指挥部（以下简称现场指挥部），并根据事故具体情况设立医疗救护、事故起复、后勤保障、应急调度、治安保卫、善后处理等工作组，开通与事发地铁路运输企业和现场指挥部的应急通信系统，咨询有关专家，确定事故应急救援具体实施方案，立即派出有关人员赶赴现场，调集各种应急救援资源，组织指挥应急救援工作。必要时，请求事发地人民政府、当地驻军、武装警察部队提供支援。遇超出本级应急救援处置能力时，及时向国务院报告。

（3）较大事故、一般事故的应急救援，由铁路局与所在地省（市、自治区）政府共同组织成立的安全监管办公室，启动应急救援预案，组织成立现场指挥部，并根据事故具体情况设立医疗救护、事故起复、后勤保障、应急调度、治安保卫、善后处理等工作组，开通与现场指挥部的应急通信系统，咨询有关专家，确定事故应急救援具体实施方案。有关负责人和专业人员应当立即赶赴现场，调集各种应急救援资源，组织指挥应急救援工作。必要时，由安全监管办公室协调事发地人民政府、当地驻军、武装警察部队提供支援。超出本级应急救援处置能力时，及时向国铁集团报告。

2）现场应急救援指挥

（1）现场救援工作实行总指挥负责制，按照事故应急救援响应等级，由相应负责人担任总指挥，或者视情况由上级事故应急救援工作机构指定人员担任临时总指挥，统一指挥现场救援工作。各工作组及参加事故应急救援的单位、部门应当确定负责人。救援列车进行起复作业时，由救援列车负责人或者指定人员单一指挥。

现场总指挥及参加事故应急救援的各工作组负责人、各单位和部门负责人、作业人员应当区别佩戴标志。

（2）救援列车开往现场途中，救援列车负责人应召集人员开会，商讨救援方案。到达事故现场后，应当迅速确定具体的起复作业方案，经现场总指挥批准后立即开展起复作业。

（3）起复作业由救援列车负责人统一指挥。救援列车在桥梁或坡道等特殊地段作业时，应当连挂机车。两列及两列以上救援列车分头作业时，由现场总指挥协调分工后各自负责指挥。两列及两列以上救援列车在同一个作业面集中作业或者联动作业时，由负责本区段救援任务的救援列车或者由现场总指挥指定人员负责指挥。救援列车在电气化区段实施救援作业时，应当在确认接触网工区接到停电命令并做好接地防护后，方准进行。起复动车组、新型机车车辆等，应当使用专用吊索具。

（4）事故应急救援需要通信保障时，通信部门应当在接到通知后根据需要立即启用“117”应急通信人工话务台，组织开通应急通信系统。事故发生在站内，应当在30 min内开通电话、1 h内开通图像传输设备。事故发生在区间，应当在1 h内开通电话、2 h内开通图像传输设备。并指定专人值守，保证事故现场音频、视频和数据信息的实时传输，任何人不得干扰、阻碍事故信息的采集和传输。

3）迅速开通线路，恢复行车

（1）组织设备抢修。

事故造成铁路设备设施损坏时，有关专业部门应当根据实际情况及时切断事故现场电源，拆除、拨移和恢复接触网，及时架设所需照明，调集足够的救援队伍、材料和机具，积极组织抢修损坏的线路、通信信号等行车设备设施，协助事故机车车辆的起复。对可以运行的受损机车车辆进行检查确认，符合挂运条件的方准移动，必要时派人护送。根据先开通线路、后恢复设备正常状态的原则，迅速做好开通线路的各项准备工作。

（2）开通线路，恢复行车。

救援工作应充分利用事故现场的地形、地物和设备条件，选择既快又安全的救援方案，尽量采用多种方法多处进行平行作业，争分夺秒，开通线路，恢复行车。

（3）事故善后处理。

事故善后处理工作组，应当依法进行事故的善后处理，妥善做好现场遇险滞留人员食宿、转移和客票改签、退票等服务工作，以及伤亡人员亲属的通知、接待、抚恤、丧葬、经济补偿等处置工作。负责收取伤亡人员医疗档案资料，核定救治费用。

事故应急救援工作结束后，现场指挥部应当对事故应急救援工作进行总结，于5天内形成书面报告，并附事故应急救援有关证据材料，按事故等级报国铁集团事故应急救援领导小组或者安全监管办公室备案。由国铁集团事故应急救援领导小组或者安全监管办公室组织进行全面总结、分析，对事故应急救援的组织工作进行评价认定，总结经验教训，制定整改措施，修改完善应急预案及有关制度办法，对造成事故的责任人员进行处理或移交司法部门处理。

6.2.2 使用机车、救援列车救援动车组列车

当区间发生冲突、脱轨、颠覆等事故，以及机车车辆等发生故障，致使列车不能继续运行时，值乘司机应按规定及时报告列车调度员并申请救援，需要防护时按规定采取防护措施。

在高速铁路线路上，使用热备机车或救援列车进行救援，适用于以下三种情况：动车组列车发生冲突、脱轨、颠覆等事故；动车组列车发生故障而当地热备动车组已经派出；动车组以外的列车发生事故。动车组以外普通列车的救援方法与普速铁路的救援方法相一致，在此不再赘述。本书只介绍动车组列车的救援方法。

1. 救援前的准备工作

1）封锁区间，启动应急预案

列车调度员接到救援申请，要按《铁路技术管理规程》和《铁路运输调度规则》的规定下达调度命令，封锁区间。影响邻线行车时，应封锁上、下行区间，禁止再向区间放行列车。

同时，列车调度员要报告值班主任（值班副主任）。值班主任（值班副主任）根据情况，按照规定通知相关部门，向有关领导通报。达到启动应急预案的标准时，铁路局要及时启动相关应急预案，并按规定上报国铁集团。

2）确定机车、救援列车的开行方案

列车调度员接到救援申请，根据区段内列车运行、距离机务（折返）段远近及救援申请等情况，确定使用内燃机车、电力机车还是专用救援列车担当救援。在电气化区段，如救援地点有分相区时，宜使用内燃机车救援；无内燃机车时，可采用“长竿钓鱼”方法，使用电力机车附挂车辆进入无电区进行救援。接触网发生故障停电时，须使用内燃机车救援。担当高速铁路救援的机车，应装备连续式机车信号、LKJ 设备和机车综合无线通信设备，实现列车调度语音通信、调度命令信息的无线传输、车次号校核信息的无线传送及列车报警等功能。

确定救援机车或救援列车后，列车调度员需要将救援方案及有关事宜，通知车站值班员和请求救援列车司机，以便车站值班员做好相关准备工作，列车乘务人员采取防护设施。

救援列车需要跨区段担当救援任务时，由于司机日常是按固定区段担当值乘，不熟悉固定区段外的线路、信号、分相区等设备情况。为了防止发生次生事故，保证救援工作的安全、迅速开展，列车调度员须通知机车调度员或动车组调度员指派带道司机。带道司机须携带 GSM－R 手持终端，运行揭示调度命令及装好数据文件的 IC 卡。

3）发布调度命令

确定救援方案后，列车调度员要及时下达相应的调度命令。如需要使用救援列车，调度员要下达救援列车出动的命令；需要救援班出动时，列车调度员还应发布救援班的出动命令。跨局调动救援列车时，须报请国铁集团核准后，由国铁集团通过调度命令通知相关铁路局列车调度员发布救援列车出动的调度命令。

救援列车（单机）在关系站进入封锁区间前，列车调度员要下达进入封锁区间的调度命令。调度命令应指明救援列车进入封锁区间往返的车次、运行速度、停车地点、任务及注

意事项等。司机接到救援命令后，应认真确认调度命令内容，明确救援任务。命令不清、停车位置不明时，不准动车。

4）取消救援

当故障列车经处理后，可继续运行时，司机应向列车调度员报告，提出继续运行申请。列车调度员根据司机请求，取消前发救援调度命令，组织列车恢复运行。司机在未得到列车调度员的准许前，不得动车。

2. 救援列车救援动车组

动车组列车故障需要救援列车出动时，因救援列车本身无牵引动力，救援列车的停靠站（段）应按照调度命令指派符合高速铁路线路运行条件的热备救援机车，将救援列车按预定径路牵引至事故救援地点前（后）方车站（关系站）。救援列车出动前，救援列车主任应确保救援人员全部到岗，CRH、CR系列救援专用机具全部上车，并携带动车组救援方法汇编，保证救援列车30 min内出动。

1）救援列车运行

救援列车由驻地发出，按原闭塞方式运行至关系站，沿途车站应尽可能让其通过，其他列车尽可能停车待避。

已申请救援的列车不准动车，司机应打开被救援列车两端的防护灯作为防护信号，并注意与救援列车保持联系。

关系站在未接到开通封锁线路的调度命令前，不得将救援列车以外的其他列车放行进入该区间。

2）车站干部随乘

在事故调查组人员到达前，封锁区间的关系站站长（值班干部）应携带行车应急备品和通信设备，随乘发往事故地点的第一列救援列车到达事故现场。站长（值班干部）到达事故现场后，应立即了解事故实际情况，随时与列车调度员联系，汇报事故情况，并就地指挥相关工作。列车分部运行时，机车开往区间挂取遗留的车辆，由于处理比较简单，车站站长（值班干部）不必前往，由司机进行处理。

3）进出封锁区间的凭证与联系

关系站向封锁区间发出救援列车时，因为区间已发生事故或行车设备故障，不能按正常闭塞手续办理，应以列车调度员的调度命令，作为进入封锁区间的凭证。

为使列车调度员正确掌握救援进度，安排救援人员和材料，及时做好区间开通后的列车运行计划，救援列车开往封锁区间或由封锁区间返回车站时，车站值班员应向列车调度员报告。封锁区间两端的关系站归属不同行车调度台时，为使对方站掌握有关情况，本站值班员应将上述内容通知对方站。

如因救援需要，现场设置临时线路所时，该线路所值班员负责与相邻站（所）或列车调度员办理行车手续，列车均凭调度命令进入区间。车站向临时线路所开行救援列车时，必须取得临时线路所值班员同意，以便线路所及时做好接车前的准备工作。临时线路所向区间两端车站发车时亦须取得接车站值班员的同意。

4）到达救援地点

救援列车进入封锁区间后，司机要在接近被救援目标2 km时，严格控制速度。同时使用列车无线调度通信设备，与被救援司机进行联系。以在瞭望距离内能够随时停车且最高不超过20 km/h 的速度运行，在防护人员显示的手信号前停车，联系确认后，按其要求进行作业。

5）救援列车与故障动车组的连挂

救援列车与故障动车组连挂前，应装好过渡车钩，连接专用软管，开闭折角塞门。救援列车司机确认故障动车组列车已经切除故障后，方可进行连挂作业。连挂时，救援列车应以不超过 5 km/h 的速度接近故障车，在距离故障车 3 m 处一度停车，听候救援负责人（被救援列车司机）的指挥。

在连挂之前还可继续排除故障，但不能起动列车，如故障排除则报告列车调度员解除救援。

完成挂接后，救援列车、故障列车司机必须将“列车联挂”开关扳到“通”位，经相互确认后，进行制动系统测试，确认制动系统作用正常及故障列车的制动系统已缓解后，报告列车调度员。

救援列车司机得到列车调度员的授权后，将故障列车驶离该线。

3. 机车救援动车组

在无换乘需求，又不需要出动救援列车的情况下，可以派出热备机车担当救援任务。此时，在热备机车和动车组之间需要加装过渡车钩，并连接专用软管，开闭相关塞门。为保证制动主管贯通，制动主管压力应达到 600 kPa，并应进行制动试验。

1）动车组升弓受电

故障动车组具备升弓送电条件时，允许故障动车组司机升弓受电，以保证蓄电池电压达到规定值，不影响动车组正常运行，同时为动车组内空调、照明、电热饮水机等用电设备提供电源。使用电力机车担当救援机车时，如果故障动车组升弓，机车受电弓与故障动车组两受电弓之间的距离，不能满足通过接触网分相无电区的要求时，动车组司机要将该情况通知救援机车司机，以便救援机车司机在通过分相无电区前，通知动车组司机断电并降弓。

2）连挂作业

使用机车救援动车组连挂作业时，为保证作业人员人身安全，作业人员要根据现场情况，向列车调度员申请邻线列车限速 160 km/h 及以下的调度命令。如妨碍邻线行车或需组织旅客疏散时，要在扣停邻线列车后方可开始作业。

救援机车司机在连挂作业过程中，速度不得超过 5 km/h，挂妥后方可撤除防溜措施，确保作业安全。

3）限速运行

使用机车救援动车组，由于安装了过渡车钩或车辆自身等原因，需要限速运行时，由随车机械师通过司机，报告列车调度员限制速度。列车调度员根据随车机械师提出的限速要求，向救援机车司机，发布限速调度命令。

救援机车司机在救援过程中，应加强与动车组司机的联系，如有异常情况，应采取减速或停车措施。救援运行中尽可能避免实施紧急制动。

4）被救动车组工作模式转换

为了压缩救援时间，尽快开通区间，在使用机车救援动车组或救援后动车组列车能够恢复运行时，被救援动车组列控车载设备转入或退出隔离模式，列车调度员不发布调度命令，由动车组司机自行转换。

6.2.3 使用动车组救援

动车组列车遇到线路故障、自身设备故障或发生行车事故，致使动车组列车不能继续运行，特别是需要组织换乘时，应根据当地、当时的列车运行情况，优先考虑用其他动车组列车或热备动车组进行救援。申请救援时，故障动车组司机、车站值班员的报告程序及防护办法与前述机车、救援列车救援的程序一致。列车调度员向领导汇报、封锁区间，以及启动应急预案等也与前述办法基本一致。

1. 确定救援方案

列车调度员接到动车组列车需要转移旅客的救援申请时，应立即报告值班主任，根据救援地点确定救援方案。如救援地点距离本局动车段（所）较近，应由本局担当救援任务；如救援地点在外局，应立即报告国铁集团确定救援方案。

本局担当救援任务时，首先考虑启用热备动车组，如热备动车组已派出，应根据备用动车组及区段内动车组列车的运行等情况，确定担当救援的动车组。如确定由运行中的动车组列车担当救援任务时，应通知客运调度员。客运调度员要详细了解列车定员、换乘人数和停站站名等情况，再确定担当救援的动车组列车，确保满足换乘需求，保证换乘工作的顺利进行。

列车调度员要将相关情况，以及救援动车组的救援方案，通知车站值班员和请求救援的列车司机，以便车站值班员做好相关准备工作，列车乘务人员采取防护措施。

担当救援的动车组需要跨区段担当救援任务时，由于救援动车组司机不熟悉该区段线路、信号、分相区等设备情况。为了防止发生次生事故，列车调度员须通知动车组调度员指派带道人员为救援动车组带道。

2. 热备动车组启用及开行

根据动车组运用交路日计划图（表）的要求，动车段（所）每日最少应有一台热备动车组，停放在规定地点，根据调度命令投入使用。

1）热备动车组的选择

为避免或减少动车组列车晚点，动车组故障需及时启用热备动车组。更换动车组就需要换乘旅客，因各线运行的动车组型号不同，定员人数不同，如热备动车组定员少于故障动车组实际人数时，应优先使用定员能满足需要的其他动车组，有利于一对一组织旅客换乘。

启用本局热备动车组时，由列车调度员发布热备动车组的出动命令和行车调度命令；如需出动客运乘务人员时，由客运调度员发布客运乘务人员出动命令。

如故障动车组距本局热备动车组停放地点较远，而距其他铁路局热备动车组停放地点较近时，铁路局列车调度员要及时向国铁集团报告，由国铁集团向有关铁路局发布调度命令，跨局出动热备动车组。

2）热备动车组的开行

列车调度员应提前做好热备动车组开行计划，并及时通知有关部门。为便于旅客在站内换乘，热备动车组与被换乘动车组应尽可能接入同一站台。热备动车组司机、随车机械师、客运乘务员等人员接到调度命令后，应迅速做好出动动车组的准备工作，具备条件后及时发车。对担当换乘任务的动车组列车应优先放行，确保及时到位，以减少列车晚点时间。热备动车组完成任务后也要优先放行，以便其及时返回停车地点。

3. 救援作业

1）故障动车组前部救援

在故障动车组前部救援时，区间闭塞方向与救援动车组运行方向相反，列车进入区间后，列控车载设备会收到停车信号，因此需将动车组列控车载设备转为隔离模式。救援动车组进入封锁区间后，司机要注意运行，在接近被救援目标 2 km 时，以在瞭望距离内能够随时停车的速度运行，最高不超过 20 km/h，在距被救援列车不少于 300 m 处一度停车，与被救援列车联系确认后进行作业。

2）故障动车组后部救援

在故障动车组尾部救援时，为使救援列车尽快运行至救援地点，调度集中系统可不设置钮封，在排列列车进路、开放出站信号后，向担当救援的动车组司机发布调度命令。担当救援的动车组司机在收到允许运行的信号和列车调度员发布的调度命令后，方可按完全监控模式进入区间（以部分监控模式由车站到发线发出的动车组，进入区间后转为完全监控模式），在行车许可终点停车，与被救援列车联系确认后，按目视行车模式进入前方闭塞分区，以在瞭望距离内能够随时停车的速度运行，最高不超过 20 km/h，在距被救援列车不少于 300 m 处一度停车，与被救援列车联系确认后进行作业。如行车许可终点距被救援列车不足 300 m 时在行车许可终点停车后，与被救援列车联系确认后进行作业。

3）连挂作业

连挂作业前，作业人员要根据现场情况，向列车调度员申请邻线列车限速 160 km/h 及以下的调度命令。司机须接到邻线限速的调度命令（妨碍邻线及组织旅客疏散时，为扣停邻线列车的口头指示）后，方可开始作业。

4. 组织换乘

1）站内换乘

在站内组织换乘时，应尽量安排在同一站台的两个站台面进行，这样既可快速组织旅客换乘，压缩换乘时间，保证列车正点出发；也可避免旅客携带行李走地道或天桥时，发生意外，延长换乘时间。

组织旅客换乘前，要提前通知站车客服人员，耐心做好宣传、说服工作，并向旅客表示歉意，争取旅客配合，才能保证安全、迅速完成换乘工作。

2）区间换乘

在区间组织换乘时，列车调度员在调度命令中应明确停车地点和换乘任务，精心组织担当换乘任务的动车组列车，进入邻线指定位置停车。

司机停车位置应尽量使热备动车组车门与故障动车组车门对齐，以便安装紧急过渡板，组织旅客安全、快速地换乘。担当换乘任务的列车到达邻线指定位置停妥后，司机向列车调度员报告。列车调度员通过申请换乘的列车司机，通知列车长精心组织旅客换乘。换乘前，列车长要向旅客表示歉意，耐心细致地说明换乘安全注意事项，要派人在应急过渡板旁边进行防护，防止旅客跌倒。

担当换乘任务的列车长确认旅客换乘完毕后，通知司机关闭车门。司机通过列车长确认车门关闭，确认具备开车条件后，起动列车，并向列车调度员报告。

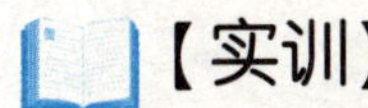

【实训】

高速铁路非正常情况行车与事故救援

【实训目标】

(1) 能够掌握非正常情况下行车的相关规定。

(2) 能够掌握高速铁路事故救援的相关知识。

(3) 培养初步的自主学习能力。

【实训内容与要求】

第一步：由教师介绍实训的目的、方式、要求，调动学生实训的积极性。

第二步：对学生进行分组，确定各小组的组长和人员分工。

第三步：由教师介绍高速铁路非正常情况行车与事故救援知识并宣布讨论的问题。

第四步：各小组对教师布置的问题进行讨论，并记录小组成员的发言。

第五步：根据小组讨论记录，撰写讨论小结。

第六步：各小组相互评议，教师点评、总结。

【实训成果与检测】

成果要求：

(1) 提交案例讨论记录：3～5 名学生为 1 组，设组长 1 人、记录员 1 人，每组必须有小组讨论、工作分工的详细记录，以作为考核成绩的依据。

(2) 能够在规定的时间内完成相关的讨论，撰写小结。

评价标准：

(1) 上课时积极与教师配合，积极思考、发言。

(2) 认真阅读案例、积极参加小组讨论、分析问题思路较宽。案例分析基本完整，能结合所学理论知识处理问题。

(3) 小组成员积极参与小组活动，团队分工合作情况较好。

参考文献

[1] 刘涛，陈鸿鹏，袁绍东．铁路客运员岗位教程．北京：北京交通大学出版社，2019.

[2] 郝茜，沈农华，付童．铁路 CTC 实训教程．北京：北京交通大学出版社，2019.